投后破局

投后管理与创业重生之道

胡华成 ◎ 著

中国商业出版社

图书在版编目（CIP）数据

投后破局：投后管理与创业重生之道 / 胡华成著.
北京：中国商业出版社，2024.11. -- ISBN 978-7
-5208-3219-9

Ⅰ．F832.48

中国国家版本馆 CIP 数据核字第 2024Y37M08 号

责任编辑：杨善红
策划编辑：刘万庆

中国商业出版社出版发行
（www.zgsycb.com 100053 北京广安门内报国寺 1 号）
总编室：010-63180647　编辑室：010-83118925
发行部：010-83120835/8286
新华书店经销
香河县宏润印刷有限公司印刷
*
710 毫米 ×1000 毫米　16 开　14.5 印张　190 千字
2024 年 11 月第 1 版　2024 年 11 月第 1 次印刷
定价：68.00 元
* * * *
（如有印装质量问题可更换）

推荐序一

我做创投已经有 16 年左右。在这漫长的创投历程中，我见证了无数创业者的拼搏与起伏，也深刻体会到投资与创业的复杂关系。胡华成先生的《投后破局：投后管理与创业重生之道》，犹如一盏明灯，照亮了投资与创业的前行之路。

作为梅花创投的创始人，我深感荣幸能够为这本书作序，在此，我将结合梅花创投在投后管理方面的丰富经验，与大家一同分享关于投资与创业的深刻思考。

创业市场，机遇与挑战并存。投资者与创业者有时反目成仇，其原因复杂多样。目标、期望和决策的差异若无法妥善调和，矛盾便会不断升级。正如我在《心力》中所言："强大的心力是面对困境的坚韧护盾。"如今的创业市场现状喜忧参半，新技术、新商业模式蓬勃涌现，为创业者搭建了广阔舞台；然而，激烈竞争、不确定的市场环境以及高成本运营等挑战，也让创业者步履维艰。拿到融资绝非成功的终点，真正的成功需要创业者具备强大的心力、创新能力和适应市场变化的自适力。

创业宛如一场艰苦卓绝的战役，需有"六脉神剑"般的战略武器。产品创新、市场拓展、团队建设、财务管理、风险管理和企业文化，每一个环节都至关重要。用企业生命周期模型看待创业，深入洞悉不同阶段的特点和需求，尽早验证商业模式的自主造血能力，这是企业可持续发展的关键所在。"所有的伟大，都源于一个勇敢的开始。"创业者们要勇敢地在各个环节中探索前行。

在投资领域，投研能力和专业素养是驱动资本力量的核心要素。但私募股权基金市场并非坦途，赛道选择失误可能导致投资组合全盘皆输，过度追逐热门赛道往往容易忽略市场饱和度和潜在风险。正如《自适力》中所讲："不要盲目跟风，要找到适合自己的赛道。"集成投资策略也并非万无一失，过度分散投资会使资源分散，难以集中力量支持优秀项目。缺少系统性投资纠错能力，便难以及时调整策略。过高估值会给退出带来重重困难，影响投资回报。政策与趋势的变化对投资结果有着重大影响，投资者需时刻保持敏锐洞察力，及时调整策略。"认知即未来，洞察市场趋势才能把握机遇。"

对于创业公司而言，外脑可成为实时导航仪。非资本因素主导创业行为，如市场需求、用户体验和团队协作等。借助外脑，企业能够实现快速发展，外脑可为其提供专业咨询服务、丰富的行业经验和创新思路。移植精细过程控制能力可提高运营效率、降低成本。与外脑合作时要注意选择合适伙伴、明确合作目标和方式、建立良好沟通机制。"学会借助外力，是创业者的智慧选择。"

资本既是创业价值的放大器和加速器，也可能与创业者产生利益冲突。投资者追求投资回报，创业者更关注企业长期发展。明确双方边界是合作共赢的基础，"以客户为中心"可化解对立，共同构建优质资产为价值准则，能让双方紧密合作。"客户是企业的生命线，以客户为中心才能走得更远。"

陷入困境的创投企业必须寻找重生之路。资源赋能可激发企业活力，整合各方资源提供资金、人才、资源和技术支持。赛道整顿、创新组合和战略重构，根据市场变化调整战略，寻找新增长点。从不确定性到价值成长性，创业者需具备敏锐市场洞察力和创新能力。从创投陪跑到 IPO 护航，投资机构要提供全方位支持和服务。构建多元化创投生态圈，从单一创投到价值生态，为企业提供丰富资源和发展机会。"在困境中寻找机遇，是强者的本能。"

投后管理是保证投资行为系统性和连续性的关键。清晰的投后管理流程能更好地服务企业，建立连续的融资和融智网络，提供更多资源支持。创业团队的价值共识和心智管理至关重要，共同目标和价值观能充分发挥团队力量。保持良好沟通和信任是合作基础，企业融资后需制定合理管理策略，确保资金有效使用和可持续发展。"信任是合作的基石，沟通是成功的桥梁。"

创业公司要像独角兽一样思考，具备远大目标和战略眼光。战略财务是发展保障，合理规划资金提高利用效率。制订持续融资计划，提供稳定资金支持。建立从线索到现金流的完整能力，把握市场机会，提高销售效率和盈利能力。"有梦想的企业，才能成为行业的领军者。"

投资行为需有序执行退出计划，实现投资回报。从价值陪跑到IPO、价值增值或并购、股权增值转让导入新价值链、作为战略投资者持有股权，都是可行的退出方式。投资资本被套牢要立即止损，将资产复用到新场景新价值链，通过集成式创新盘活资产，深度介入经营解套，以百亿千亿逆向思维重组资产。"懂得适时退出，是投资的智慧。"

资本与创业行为相互背书，创业效能取决于"资本+投后管理"，两者紧密结合才能实现企业快速发展。共生共荣的创投生态圈正在形成，投资机构、创业者、政府、高校等各方共同参与，为创业创新提供良好环境。创业系与资本系的形成将为经济发展注入新活力。"合作共赢，是时代的主题。"

《投后破局：投后管理与创业重生之道》是一本极具价值的著作，为投资机构和创业者提供全面指导和建议。创业之路虽充满挑战，但只要保持坚定信念、不断学习创新，就一定能实现梦想。希望本书能成为大家的良师益友，为创业之路增添力量。

梅花创投创始人

吴世春

2024年9月4日

推荐序二

用投后管理优化投资创业成果

这是一本视角和观念均有突破的投资创业图书，在本书里，创业者的视角和投资者的视角实现了统一，即站在一个更系统的场域，深度认知投资和创业行为的统一性，不再单独谈及投资人，也不再单独谈及创业者和企业家，而是通过以应用场景和用户为指针的 A、B、C 角色。创业者是 A 角色，投资者是 B 角色，创投外脑是 C 角色，通过系统的投后管理，将 A、B、C 三个角色连接在一起，各自守好本分，相互支持，通过过程管理实现好的创投结果，这是本书的独特之处，也是独特的创投方法论。

我们总是说好问题提供好答案，好视角提供好选择，智和岛胡华成老师的这本书，为投资者和创业者找到了共同的准星：以客户为中心，以创造优质资产为共同目标，共同设置价值锚点，将投资和投智辩证统一，通过系统的投后管理行为，将不成熟的创投系统转变为成熟系统，将已经丧失价值创造能力的团队转变为响当当的新型团队，直击创投的本质，用已经验证的成熟系统来引领新系统，通过投后管理实现对于整个创投过程的系统控制，实现整个周期可控性，这是本书表述的精髓，也是本书的独特之处。

胡华成老师的这本书，抛弃了以往对于投资者和创业者的一般描述，不再按照"明星创投人"和"明星创业者"的叙事逻辑来看待创投逻辑，抛弃了奇迹思维，用系统努力替代局部腾挪经营行为，而是引入了一种

>>> 投后破局：投后管理与创业重生之道

"必然成功"的逆向思维创投逻辑，用必要资源的饱和式投入，控制过程风险，实现转败为胜。

在本书里，胡老师直接指出了中国创投市场存在的问题，提出了两个典型问题：为什么明星创业者和明星投资人在如此密集的中国创投市场，创业投资失败率如此之高？为何许多机构都在进行市值管理，但市值管理却普遍性地失败了？

本书针对中国创投市场和价值成长型企业，系统地回答了这两个问题。胡老师认为，不能用上一代的投资逻辑和创业逻辑来面对现实和未来的问题。在创投过程之中，用过程思维替代结果思维，用投后管理来对于整个创业周期，从0到1，从1到10，从10到100，需要建立正反馈循环、负反馈循环和调节回路的能力，因此，不断破局就是创投管理变革的核心要义，实现成果落地，更是一种责任和管理担当。

在胡老师的经验论述中，我们看到了一种超越核心竞争能力的思考，即创业者多数情况下总是停留在事务层面，以构建企业的核心竞争力为主要思维方式；投资者则思考价值锚点的设置能力，计算在投资周期之中的资产增值能力。两者之间的思维模式不同，容易造成相互无法理解的矛盾点。胡老师的视角是以"集成式创业、估值经济和资产定价权"的三元素来构建新的创投模型，为投资者、创业者和外脑力量介入创业行为提供共同的大顶，这个提法在同类书籍之中，是有一定理论创新价值的。

本书名曰《投后破局：投后管理与创业重生之道》，就是一种面对真实和现实的态度，创业团队的起点大多数并不高，创业和投资的过程就是"九死一生"的闯关过程，但在这个过程之中，存活下来的企业是有规律可循的，凡是高生存率和高质量创业企业诞生的地方，都有强大的投后管理的加持，投后管理超越了一般的投资行为，将投资行为演化为一种投资者和集群创业者共同精进的集体行为。

胡老师在借鉴了全球创业模式的基础上，直面过去十年中国创投市场出现的普遍常识问题，在众多血泪教训的基础上，创投行为需要逐步聚焦擅长的领域，通过市场验证价值，完成系统的构建，让创投活动从机械行为变成活性行为，成为有机整体，拥有自我代谢的演化能力，投后管理的破局，核心就在于转机和转变，将纷乱的创投项目逐步变成一种活力秩序，这是深度参与众多投资陪跑的过程，得到的一种系统体系的总结，本书是值得一读的好书，对于一线实战能够提供完整的操作流程。

老鹰基金高级合伙人、作家　钟东霖
2024年8月30日于上海

自 序

用系统与外脑力量实现投后破局

作为中国创投服务市场和战略投资服务市场的一名老兵，在我看来，创投过程的系统掌控，对于中国创业者和投资者是摆在第一位的事情。为什么这么说呢？我在多年的创投实践之中，发现投资活动和创业活动，以及投后管理是分离的，各自为战的，这就是中国创投市场的现状。迄今为止，中国创投失败率依然惊人，97%的创业投资活动最后并没有实现价值增值，残酷的现实告诉我们，这一切必须改变。

对于如何改变创投市场的现状，不浪费宝贵的资本资源和创业者用生命点燃未来产业的奋斗热情，我和团队创立了智和岛，将创投行为实践通过一家资本和创业智力集合的服务型企业，来影响创业企业，让他们能够提高经营效能，实现初心目标。

从社会经济视角来看，多数创业活动都失败了，按照原来的创投理论，就是用少数企业的成功来抹平大面积的投资失利，用少数百倍千倍的资产增值来掩盖大数量的失败项目，这种思维方式，在数字智能化时代，还适用吗？我们通过自己团队的实践，再加上对于全球创投系统的持续观察研讨，发现新一代的创投系统，乃是以投后管理为核心的持续的价值增值活动，将投资活动和创业活动组织起来，变成一个系统的管理行为。向管理要价值，这个常识问题，再次回到了我们的前面。

本人作为天使投资人，已经10年了，其间探究国内外天使投资和创投资本的发展历程和发展原则，从 2015 年开始，就采取了创业导师和天使投资的双轨发展道路，到 2022 年年底，参与及持股的不同阶段的创投企业不低于 30 家，在实战磨炼之中，理解资本之外的多元资源禀赋才是创业成功的主导力量。发现投资并不是只要有钱、有眼光、有能力就能赚钱的事情，怎么赋能、怎么助力、怎么帮扶、怎么分工、怎么制约等，一系列的投后管理才是能否赚钱的核心要素。于是我们就是要把战略咨询、资本加速、资源赋能，包括媒体全方位助力企业并深度陪跑才能实现投资的目的。

通过我们的观察和实践，发现绝大多数失利的企业，其实拥有很好的目标和初心，创业者充满热情，创业者和投资人之间拥有共同的默契，但问题就出在过程管理上。因此，我们得到一个简单直接的结论：除了少数创投企业彻底丧失了价值生成能力，大部分所谓创业暂时失利的企业，在经过系统的投后管理和软性资源配齐之后，能够实现重生，回到活力经营的状态。

我们在深度实践之后，也形成了属于自己的投资创业方法论，即将创投行为看成一个由乱到治的管理过程，资本在创业成功的过程之中，只是一个价值放大器和时间窗口的把握助力，解决不了企业的核心问题。创业最重要的管理行为就是企业的价值创造行为和市场需求进行对齐，企业在拥有造血能力之后，能够从容面对资本市场，选择资本伙伴，创业者和创业团队是创投活动的主体，让主体先活下来，其他所有的问题，都是 1 后面的 0。

投后管理是一种系统力量，能够统合投资者力量、创业者力量和外脑力量，而在传统的创投体系之中，我们总是轻易下结论：在资本市场，资本主导一切。其实在企业的创业投资阶段，应该是一种知本主义，智力因素才是主导一切的。

在智和岛的系统认知中，将人的智力因素放到了第一位。企业家精神就是一种智力因素，探索精神和突破意识本身就是资产，我们需要认知和评估这些因素；价值观和事业理论是一种智力因素，代表了企业的思维逻辑；企业的核心能力，比如技术工程能力，说到底还是一种智力因素，团队在一起，共同组成了一个知识共享的网络，如此等等，不同的软性因素其实主导着企业的行为。

我们在服务企业的过程中，和投资者一起，形成了新的认知事物的逻辑，那就是尽量少看企业的商业计划书和PPT，我们主要就是服务于人本身，同时也评估人本身。我觉得一个投资机构不仅是一个资本提供者，更是一个团队的组织者和组织管理架构的攒局者。

不同的创业投资企业拥有自己的特殊条件，资本运作是多层次的，投后管理也是多层次的，我们在面对创投企业的过程中，接纳这种多样性，国内的一些创投服务机构主要做再融资（FA）式的服务，这样的服务太单一了。对于创投服务，我认为最重要的事情，就是让企业能够找到最小可行性的路径，先活下来，活下来之后，才能够做资产增值的事情。

因此，在我们的方法论中，就是一个两步走动作，其实是两个关键词：一个是盘活，一个是增值。"活下去"对于企业是第一要义，增值的道路有十条百条，这是战略发展问题。很多创投团队忽视了"靠自己活下去"的深度思考，基础不牢，地动山摇。

我们看过太多投资者和创业者之间的争执，业绩对赌成为创投过程之中的必然条款，在双方均未达到目标的时候，会相互指责对方是骗子、画饼大师，甚至出现了投资人和创业者约架的事情。而从系统视角看问题，这就是缺失过程管理导致的后果。

中国的创投市场需要引入一种调和型的外脑管理力量，在"对赌和埋雷"协议之间，是一种博弈和合作的复杂纠缠，而外脑则是一个系统的构建者和系统关系的调和者，构建一种"三角形关系"，共同面对不可预知的未来。在实践之中，我们已经发现，外脑和创投服务力量是投资者和创业者之间的软垫，两者关系很容易形成博弈，三者关系拥有更多的协同机会。

对于当下的创投市场，投后管理和外脑带来的都是一些常识，做正确的事情，然后将事情做正确。在投资者和创业者之间，外脑起到一个建立组织结构的调节回路的作用，可以保持系统的真实性，对于创投意图需要进行实时的沟通，创投经营过程就是改变人的过程，这是一条基本认知。

在传统的创投模式中，投资者会提供资金，提供自己的知识地图，以投资者的信息版图和知识版图来完成投资过程，投资者起到了引路者的作用，但创业者遇到的现实经营困境是多角平衡的惊险游戏，一个看杂技的班头和玩杂技的人，体悟其实是不同的。创业者经常会抱怨，投资者除了提供一点启动资金，其他什么都提供不了，这也是一种现实。

我们对于创业投后管理的理解，其实在这里可以用一个比喻来解释：系统的投后管理事实上是为耍杂技的人系上一根保险绳，即使玩脱了，从高处摔下来，系统会接得住，也不会出现无法挽回的后果。有了保险绳的创投行为，有了在经营过程中进行持续修正的能力，在一次次的正反馈循环中，实现最终破局，实现目标，超越目标，这是创投行为的成果守护。如果系统的投后管理能够将创投成功率提升几倍，从社会经济角度来说，就是一种莫大的贡献。

2024年8月28日于常州

目 录

第一章 创业市场的真相与问题

1. 投资者与创业者为何反目成仇　　　　　　　　2
2. 创业市场的现状与挑战　　　　　　　　　　　6
3. 拿到融资并不代表成功　　　　　　　　　　　10
4. 创业六脉神剑：六元组系统制胜　　　　　　　14
5. 用企业生命周期模型看创业　　　　　　　　　18
6. 尽早用自主造血能力验证商业模式　　　　　　21

第二章 投资破局——私募股权管理失控分析

1. 投研能力，专业素养驱动资本力量　　　　　　26
2. 私募股权基金的现状和问题　　　　　　　　　30
3. 赛道败局和集成投资策略失败　　　　　　　　34
4. 缺少系统性的投资纠错能力　　　　　　　　　38
5. 过高估值带来退出困难　　　　　　　　　　　41
6. 政策与趋势影响投资结果　　　　　　　　　　44

第三章　创业外脑有力量

1. 外脑是创业公司实时导航仪　　　　　　50
2. 非资本因素主导创业行为　　　　　　　53
3. 如何借助外脑实现企业快速发展　　　　56
4. 移植精细过程控制能力　　　　　　　　60
5. 不犯错和少犯错就是捷径　　　　　　　63
6. 与外脑合作的注意事项　　　　　　　　66

第四章　投资机构与创业公司的对立与统一

1. 资本是创业价值放大器和加速器　　　　74
2. 投资者与创业者的利益冲突　　　　　　78
3. 投资机构和创业者的各自边界　　　　　83
4. "以客户为中心"可以化对立为统一　　86
5. 以共同构建优质资产为价值准则　　　　89

第五章　创投战略破局之道

1. 陷入困境的创投企业如何重生　　　　　94
2. 资源赋能激发企业活力　　　　　　　　97
3. 赛道整顿、创新组合和战略重构　　　　100
4. 从不确定性到价值成长性　　　　　　　104
5. 从创投陪跑到 IPO 护航　　　　　　　 107
6. 从单一创投到价值生态　　　　　　　　110

第六章　投资机构的投后管理策略

1. 投后管理保证投资行为系统性连续性　　114
2. 确立清晰的投后管理流程　　118
3. 建立连续的融资和融智网络　　121
4. 创业团队的价值共识与心智管理　　125
5. 保持良好沟通，信任最重要　　127
6. 企业融资之后的管理策略　　130

第七章　创业公司持续融资与发展

1. 创业公司需要像独角兽一样思考　　136
2. 创业公司需要战略财务　　139
3. 如何制订持续融资计划　　143
4. LTC：建立从线索到现金流的完整能力　　146

第八章　投后管理导入与风险防控

1. 面向不成熟系统是投后管理的常态　　152
2. 配齐要素是投资者的责任　　155
3. 实时和预判投资项目风险　　157
4. 管理资源导入是投后管理重头戏　　160
5. 一切风险的本质都是人的风险　　163

第九章　投资机构的退出策略

1. 投资行为需要有序执行退出计划　　168
2. 从价值陪跑到 IPO　　171

3. 价值增值或并购　　174
　　4. 股权增值转让导入新价值链　　177
　　5. 作为战略投资者持有企业股权　　180

第十章　投资资本如何解套

　　1. 做错的事情需要立即止损　　186
　　2. 将套牢资产复用到新场景新价值链　　189
　　3. 通过集成式创新盘活套牢资产　　192
　　4. 深度介入经营实现投资解套　　194
　　5. 以百亿元千亿元逆向思维重组资产　　198

第十一章　未来展望——资本与创业的共生共荣

　　1. 相互背书的资本和创业行为　　202
　　2. 创业效能取决于"资本＋投后管理"　　205
　　3. 共生共荣的创投生态圈　　207
　　4. 正在形成的创业系与资本系　　210

后　记　　213

第一章
创业市场的真相与问题

1. 投资者与创业者为何反目成仇

投资者和创业者之间，是一对欢喜冤家，两者就像一种"婚姻"模式，企业是两者的孩子，在教养孩子的过程中，夫妻出现分歧是正常的事情。这样的比喻略显浅薄，毕竟，利益本能、资本的冷酷和嗜血、市场的残酷和动荡等人性驱动的因素，会时时影响着创投过程中的创业者和投资者关系，所谓商场无父子，该是一种古训。正如早年台塑创始人王永庆说过一句话："想要了解一个人，最好的方式就是和他一起共事。"

人在具体的利益格局中会暴露人性和本性，这是古今所有文学作品都会强调的一点。但也不必悲观，人在利益格局中是可以通过连续谈判和沟通实现相对公平的利益分割的，正是基于这样的基础假设，才有了专业的职业化的投融资行为。

在商业事务中，如果是简单的交易行为，那就按照事情的自然发展，线性解决问题；但对于创投这种长周期的复杂进程系统而言，参与方最重要的事情就是持续进行价值观和共识管理。麦肯锡高级合伙人陈震说："对于复杂的高端服务项目进程，最重要的事情，就是所有参与方都需要进行期望值管理。"

本质上，投资者和创业者是一种合作关系，但这种合作关系是跟着市场行情波动的，市场好，企业经营蒸蒸日上，创业者和投资者之间就是相互成就的关系。问题就出在市场出现波动的时候，一旦创投企业的经营业绩下滑，两者之间的矛盾就容易爆发出来了。这就是普遍的投资者关系，无论是股票市场、创投市场还是战略投资市场，都是如此。本质上，经营和市场都是波动的，因此，投资者和创业者的关系也是波动的。

讨论投资者和创业者之间的关系，主要看人的理性精神，这是合作关系的主导因素。在成年人的世界里，一边是风险，一边是收益，投资和经营行为都是双向不确定的行为模式，但有一种行为是确定的，这就是坚定不移的契约精神。白纸黑字写下的名字，需要认，这是市场经济得以运行的基础。因此，在创投市场中，理性精神是基础，情怀、宽容和相互理解都是上层的行为，无论是创业者还是投资者，其实都不是自由人。在资本的流动性链条上，都是受制于人的，压力会传递出去，拿人家的钱手软，在遇到具体问题的时候，很容易出现情绪失控的情况。我们看到金融界人士都是西装革履的体面人士，事实上，一夜白头的 PE 灰才是投资行为的真实状态。资本保值和增值是一条艰难之路。

对于我们这些创投服务市场中的参与者，深度理解创业者和投资者反目成仇的现象。经营的本质就是在希望和绝望之间，不断地转变，转变成功，这就是破局。创投行为是一个复杂进程，走向目标的道路九曲十八弯，因此，在投资之后，企业经营过程中，发生争吵是一件正常的事情，有时候，建设性的争吵不见得是一件坏事。

对于创投企业的经营，我们在媒介中看到的内容，叙事的视角都是情绪化的。创业者可能具有强烈的个性和控制欲，这也没有关系，未来的产业领军人物没有一个是唯唯诺诺之徒，他们一定是有所为的。

红杉资本沈南鹏说："创业者是开车的，投资人是坐在旁边副驾驶上看地图的人，会帮创业者出谋划策，虽然没有开车刺激，但也有成就感。"对于战略投资者来说，只要创业者能够履约，合作过程之中的摩擦其实都是小事。

确实有一部分创投项目在经营过程中，彼此就失去信任了，部分投资者在投资前未对项目进行充分调研和了解，导致对项目前景的判断出现偏差。当项目实际发展情况与预期不符时，投资者可能产生不满和质疑。为了吸引投资，部分创业者可能会夸大项目的市场前景、盈利能力等关键信息。当这些信息被披露后，投资者会感到被欺骗，进而对创业者产生不信任感。

信任是创投关系之中的基础工程。信任可以极大地降低组织运作的成本，因此，无论是投资者还是创业者，都需要小心翼翼地维系基础信任关系。但信任破裂的事情还是会大面积发生的，比如，投资者在投资时可能承诺提供资金、资源、管理等方面的支持，但在实际执行过程中未能履行承诺。这种失信行为会严重损害创业者对投资者的信任。国内一个创投项目，在投资过程中，实际投资只有协议投资的 1/4，这延误了企业的发展进程，让创业者觉得失去了最佳的布局时间窗口，这是投资者未能履行承诺导致的信任破裂。

创业者也可能因自身能力、市场环境等因素未能实现投资时承诺的业绩目标或发展计划。这同样会导致投资者对创业者的信任度降低。

几乎所有的反目成仇，都是由过程失信和追责条款引起的，诸如对赌条款和股份回购条款，反目的情况多数都在清算项目的过程中发生的，从合作到对簿公堂，事实上也是一件悲哀的事情。

投资者与创业者之间常签订业绩对赌协议，当公司未能达到预定的业绩目标或上市计划时，创业者可能需要承担回购股份、支付赔偿等责任，这往往成为双方矛盾的导火索。国内某知名的餐饮企业创始人就是因为在对赌失败之后，失去了自己的企业。

投资机构对于被投企业经营团队失去信任，但对于赛道投资抱有信心的时候，往往会争夺企业的实际控制权。随着公司的发展，投资者可能希望介入公司管理，而创业者则希望保持对公司的控制权。这种控制权的争夺往往导致双方关系紧张，甚至反目。投资者可能通过董事会决议、修改公司章程等方式试图增强对公司的控制力，而创业者则可能通过诉讼、舆论等手段进行反击。

因为全球的创投最终能够成功上市的比率，一般为1.5%—3%，大部分投资项目并没有实现保值增值目标。因此，我们对于这个数据逻辑背后的人际关系可以做一下梳理。其实，创投界的人士要花大量的时间处理创业失败者的关系，甚至可以这样下结论：创业投资者大部分时间和精力都在和创业失败者为伍，这都是棘手的利益关系和合作关系。这对于人的身心健康影响确实很大，用心力交瘁来描述这种复杂关系处理过程，也不为过。

面对已经破裂的合作关系，投资者和被投企业团队会回到协议的原点，投资协议中的某些条款可能模糊不清或存在歧义，导致双方在解释和执行时产生争议。当双方无法通过协商解决争议时，可能会选择通过诉讼或仲裁等法律手段来维护自身权益。这往往会导致双方关系进一步恶化。但是，投资人和创业者都需要现实面对已经破裂的合作关系，做好善后工作，即使在这个阶段，创业者也需要"江湖留一线，日后好相见"。在合作过程中，那些彻底丧失信用的创业者，可能再也无缘资本市场了。

对于对赌协议，需要从融资者的视角来看待问题，投资人每融来的一元钱，都是有时间节点的，资本运作是一个不断腾挪的过程，私募投资人的钱需要稳定的回报，这个持续回报近似复利思维的投资模式，将压力传递给了创投机构的投资者，对赌其实是资金链压力的产物。但如果投资机构利用创业者的疏忽，通过几百张纸的投资协议埋藏不公平条款，那就另当别论了。

投资者与创业者反目成仇的原因是多方面的，包括利益冲突、信息不对称与认知差异、信任破裂、法律纠纷以及个人因素等。为了避免这种情况的发生，双方应在合作前进行充分的了解和沟通，明确各自的权利和义务，并建立良好的信任关系。同时，在合作过程中应保持开放和透明的沟通渠道，及时解决出现的问题和争议。

2. 创业市场的现状与挑战

在创投和创业领域，人们普遍认为：上一轮的红利期已经结束了，中国创投行业正处于一个重要的转型期。

如何定义这个转型期？在笔者看来，最重要的一点就是投资的底层逻辑需要两个改变。

第一个改变，创业投资机构需要建设自身的生态性，以顺应创投企业的产业规律为主要转变方向，用产业赛道周期规律来替代快速获取回报的资金提供者的增值逻辑。

第二个改变，创业企业需要从跑马圈地的烧钱模式回归到用户本质，即在市场已经没有大的增量空间的基础上，如何突入创新市场，完成从满足需求到创造需求的转变，盈利和融资是同样重要的事情。

以上两个改变，对于投资机构是一种挑战，对于创业者创办企业底层逻辑也是一种挑战。以互联网创业为例，过去，用户市场规模可以通过网络效应，在短时间之内成势，因而在硅谷将数字创业称为"指数式增长"和"闪电式创业"；而今，这些创业方法论已经不适用了。当下的市场现状，要求企业从一开始就聚焦于具体的应用场景，争取尽早实现盈利。

从资本市场的视角来看，有限合伙人（LP）主业收益在下降，促使投资策略变化。LP是创投基金的主要资金提供者，通常包括机构投资者、高净值个人、家族基金等。对于这些LP而言，他们的投资期望不仅局限于支持创新和创业精神，更重要的是要获得可观的财务回报，其自身增值需求的节奏影响着创业投资的节奏。因此，创投基金在进行投资决策时，不得不将更多的注意力放在满足LP的回报预期和风控要求上，而这也影响了基金的运作模式和投资策略。

创业投资方面，根据清科创业旗下清科研究中心数据，中国一级市场投资数量从2020年的1.1万起下降到了2023年的7100起，下降幅度为38%；投资金额同期从1.5万亿下降到不到5000亿，下降幅度为68%。根据CVSource数据，2024年上半年中国VC/PE市场投资数量3971起，同比小幅下滑，环比下降13%；市场交易规模共计684亿美元，同比下降4%，环比下降29%。

以上数据表明，国内创投资金的募资已经变得困难。当然，一些领先的创投机构凭借其品牌影响力和以往的案例证明，依然是吸引投资者的重要因素。而业绩不佳或品牌影响力较弱的机构在募资时往往面临更大困难。在国内创投市场上，由于明显增量市场的缺失，这些投资者变得更加保守，导致创业投资市场呈现一种不振状态。这种趋势导致了创投基金在选择投资标的时更倾向于选择那些风险相对较低、成长性更明确的项目。这类项目通常具有较为成熟的商业模式、稳定的收入来源以及明确的退出路径，如迎合产业政策的投资、通过上市或被大公司收购。

最近两年，创业企业已经很难从投资机构拿到资金，而投资有向少数产业集中的趋势，主要投资领域包括人工智能、生物科技、金融科技和电子商务等。其中，人工智能领域的机器学习、自然语言处理和计算机视觉等技术应用备受关注。放眼全球市场，也是一样的，美国的创业资本同样出现了保守化的趋势。这种策略虽然能够在一定程度上降低投资风险，确保LP的资金安全和预期回报，但忽视了那些早期阶段的创业公司，尤其是那些具备颠覆性创新潜力的初创企业。

创业投资具有"投早、投小、投硬科技"的典型特征，而在现阶段，这种投资思维在弱化，投资者倾向于成熟资产投资，或者持币观望。整个行业处于一个洗牌周期之中，尽管不少创投机构在调整自己的策略和定位，创投基金在筹集资金时，也更倾向于迎合 LP 的投资偏好。例如，一些 LP 可能更愿意投资于某些特定领域（如科技、医疗、消费品等），而创投基金为了顺利募集资金，往往会调整其投资组合的方向，以符合这些偏好。这种以融资为导向的生态使得创投基金的角色发生了转变，从原本的创业支持者变为更多地服务于 LP 利益的执行者。

这种趋势的结果是，创投基金在实际操作中变得更加保守，更加注重短期内的财务回报，而非支持创业公司进行长期的、潜在高风险的创新。这对创投生态系统来说，可能会产生一些负面影响。首先，早期创业公司将更加难以获得资金支持，尤其是那些处于概念验证阶段但尚未形成清晰盈利模式的企业。其次，如前文所述，创投基金在选择投资项目时的趋同化倾向，可能会导致市场上创新的多样性受到压制，从而影响整个行业的创新活力。

而创业和创投市场遇到的另外一个梗阻就是退出困难。根据中国证券投资基金业协会统计的月报数，截至 2023 年 10 月末，存续私募股权、创投基金规模总计达到 14.31 万亿元。截至 2022 年年末，已进行季度更新、完成运行监测表填报且正在运营的私募股权、创业投资基金退出本金 2.2 万亿元。在过去的几年之中，创投基金投出去的资金，到目前，已经有一半甚至六成的基金都已经到了退出期，但遇到了无法退出的情况。可以这么说，大面积的创投项目投资面临无法退出的情况，就是当下创投领域遇到的最大的现实问题和挑战。

对于大量资本无法退出的情况，需要设立产业金融为基础的"耐心资本"。举例来说，2023年11月，深圳市成立20亿元科技创新种子基金，委托深圳天使母基金管理。其中在存续期限上，种子基金打破了此前5~10年的惯例，存续期延长为15年。这样做的目的，就是等待企业在价值创造领域、核心竞争力领域做更多的努力，留出退出时间，让企业能够制订长期战略计划，能够发展起来。

智和岛也在做不同于国有资本的创业投资研究，在企业所在地常州，就有大量的国有、私募资本综合驱动的企业，也遇到了项目退出问题。这个城市的多层次资本市场有自己的特色，我们可以在后文中展开讲述。我们发现，国有资金存在保值、增值的硬性约束，天然具备避险属性，他们的投资行为更加偏向中后期、成熟期等较低风险项目。

而在一级投资人市场，"投早投小"的功能无法充分发挥。因此，对于私募创投资本的退出，我们需要走出另外一条道路。这是一个挑战也是一条出路。

对于已经投入，但无法退出、还在经营的创业企业，需要引入高瓴资本张磊的那句话："我们是创业者，恰巧是投资人。"在已投项目上，这些投资机构有必要像创业者一样思考。对于当下的创投市场，资本已经不是稀缺品，投资者需要更多的价值体现，就是对于创业者业务金融综合赋能。

中国创投市场的变化和走上更高阶段，投资人和创业者的关系需要被置于中国商业生态的进化中来理解。如何共同做出一家好企业，中国的创投生态中，需要引入投后管理的系统力量，用新生态和新方法论来解决当下的问题。如果还要其他要素的话，那就是时间和耐心。

3. 拿到融资并不代表成功

对于满怀激情与梦想的创业团队而言，融资成功无疑是一剂强心针，它不仅标志着项目得到了市场的初步认可，更为团队后续的发展注入了强大的动力。然而，在这份喜悦与庆祝的背后，每一位创业者都应保持清醒的头脑，深刻理解融资背后的深层含义——这不仅是资金的简单注入，更是企业从自由奔跑的野马转变为受资本驾驭、目标明确的战马的转折点。

资本的介入，往往伴随着一系列期望与要求。在资本的视角中，企业不再仅仅是实现个人愿景或社会价值的平台，更是一个需要精心培育、以期在未来实现高额回报的优质增值工具。这意味着，创业团队需要调整策略，从过去的自由探索、快速试错，转向更为严谨的市场分析、精细化的运营管理和可持续的盈利模式构建。

我们能够理解资本注入企业的成功故事，也能够理解一些企业不让社会资本介入的故事，这里面有很多深度思考之后的权衡，思考资本在整个经营系统中的要素价值。接受创业资本投入的企业家和创业者，不能再甘于家族企业和家庭企业的自我满足要求，而应该在战略增长赛道中获取核心竞争能力和产业地位，以高估值和高市值来获得资本市场的增值逻辑。这一过程虽充满挑战，却也为企业带来了前所未有的发展机遇。它要求创业者不仅要具备敏锐的市场洞察力，更需掌握资本运作的规律，学会在资本的助力下，加速产品迭代、扩大市场份额、优化成本结构，最终实现企业的快速增长与价值提升。

对于被投资企业而言，获得融资固然是一个重要的里程碑，但绝不意味着已经成功。虽然融资能够为企业提供必要的资金支持，用于研发、市场拓展和团队建设等关键领域，但资金本身并不能解决所有问题。企业的成功还需要有清晰的战略规划、强大的执行力以及对市场的深刻理解。资金可以为企业提供更好的资源，但如果战略方向不明确或执行不到位，资金反而可能会被浪费，甚至加速企业的失败。

通过总结过去的案例发现，创业企业需要解决的核心问题，其实其权重是大于资本的。在当下的市场环境中，创业者必须面对真实的市场需求，验证真实的市场需求，用户付钱购买企业产品背后的价值，这是商业行为中的真理。资本不能够解决这个问题，团队需要自己实践形成价值闭环。

从智和岛服务的创投企业来看，创投企业需要适应时代需求，兼容"大中小愿景和目标"，形成价值闭环，实现现金流比获得融资更加重要和紧迫。在和众多创业者的交流过程中，我们都在强调，在获得下一轮融资之前，务必处理好现实业务的现金流问题。过去10年互联网创业带来的"互联网创业模式"，通过不断融资不断奔跑"跑马圈地"的方式，在今天已经行不通了。在今天，"专精特新"和"高质量创业"才是创业的主逻辑。至少在我们看来，长三角的创投资本更多关注点，就是这种新的战略投资逻辑。

相对于"高质量经济"和"核心竞争力"，创业者需要在项目完成收益闭环之后，再去介入资本市场，也是一个适应当下的路径。我们用逻辑去判断，对于这些企业而言，产业赛道要足够大，足够宽广。同时，企业的竞争能力综合起来，要能够获得一定的市场定价权。这是创业者先要想清楚的问题。到目前为止，全球创投资本在综合赋能方面，也不如创业者自己探寻得到的已经验证的道路更加可靠。对于创业者而言，敢于向社会融资是一种自信的表现。同时，放弃向社会融资，靠自身股权融资和特殊机制的设计，获得发展资金，通过滚动发展模式发展起来，也是一种自信。

融资成功对于绝大多数初创企业来说，都只是一个起点。企业在之后的成长和发展道路上还将面临诸多挑战和不确定性。总之，企业在获得融资之后，其运营逻辑和底层思考事实上是向社会公开的，因此，新的经营压力就会如期到来。比如，投资者的期望和压力；如何平衡当下和可持续发展的问题；市场名牌竞争的压力；团队和组织管理的新挑战；等等。

投资者必定会影响企业的运行方向和战略布局，融资带来的一个重大挑战是如何平衡投资者的期望。投资者通常希望在一定的时间内看到显著的增长和回报，这可能会给企业带来较大的压力。创业者需要在业务发展和投资者期望之间找到平衡，既要追求长期的可持续发展，又要在短期内展示出足够的增长潜力。这种平衡是非常难以掌握的，处理不当可能会导致企业在追求短期增长的过程中失去战略方向。

其实，对于创业团队和创始人来说，对于资本要有一种"礼貌的强势"。比如，比亚迪的创始人王传福在收购秦川福莱尔汽车时，资本市场一致反对他这么做，但他还是一边解释一边做了。在某种程度上，创业者可以接受投资者一些指导，但在战略方向和核心价值领域不能妥协。可持续创新和增强核心竞争能力是重要的事情，大部分创业企业在拿到融资后，可能会有一种"任务完成"的错觉，认为资金到位就可以放松警惕。然而，市场环境变化迅速，技术迭代周期缩短，消费者需求也在不断演变。企业必须保持持续的创新能力，不断推出新的产品和服务，以应对市场变化和竞争挑战。否则，很可能在未来的竞争中被淘汰。

融入资本市场之后，竞争的压力会加大，这也是走资本市场带来的弊端。当创始人团队认真撰写商业计划书,将整个项目秘密路演公开的过程中,也会带来很多麻烦。融资后,企业通常面临更大的市场竞争压力。资本的注入可能会吸引更多的关注,但也会引来更多的竞争对手。企业不仅需要应对现有的市场竞争,还需要警惕潜在的行业变革和新兴技术的冲击。因此,企业在获得融资后,必须加速产品开发、市场推广和品牌建设,以巩固市场地位。

我们在分析企业的时候,总是以内因分析为主,外因为辅,其实从笔者的创投服务实践来说,觉得创业团队最大的挑战来自团队和组织突然扩张带来的管理挑战,几个人的团队还能够招架,团队在融资之后,一下子扩展到100人,这时候,企业就面临着管理升级的压力。

融资之后,企业往往需要进行组织和流程再造,因此,投后管理必须跟得上,战略财务管理也需要跟得上,否则,再多的融资也起不到振兴企业的作用。企业规模会迅速扩张,这对团队管理和组织架构提出了更高的要求。创业团队需要在短时间内扩大规模,增加人员,甚至进入新的市场。在这种快速扩张的过程中,管理的复杂性大幅增加,如何保持团队的凝聚力、企业文化的一致性,以及高效的决策和执行,都是巨大的挑战。如果管理跟不上企业扩张的速度,可能会导致内部混乱、效率低下,最终影响企业的发展。

融资成功只是企业发展过程中的一个阶段,而非终点。创业者在拿到融资后,必须更加专注于长期战略、市场竞争、团队管理以及持续创新。只有在这些方面取得成功,企业才能真正实现可持续的成长,最终在激烈的市场竞争中立于不败之地。引入资本,真正的考验在于如何平衡好资本意志与自身愿景之间的关系,让企业在资本的驱动下,既不失初心,又能稳健前行,最终成为市场上的一匹真正能够驰骋疆场的战马。

4. 创业六脉神剑：六元组系统制胜

本节文字我们主要从创业者真实经营企业的视角来看待企业必须具备的资源要素。在探讨创业市场能否成功获取融资的议题时，确实需要从多维度进行深入剖析，我们所提及的六个方面——赛道、技术、团队、规模、商业模式以及外脑，构成了评估创业项目融资潜力的核心框架。为了方便记住，我们可以称之为"创业六脉神剑"。

这是从投资者视角看到的企业资源，事实上，运营一家企业的复杂性要比这六个要素复杂得多，但资源表现出来的企业能力，所有观察者都能够看到。这六种能力需要转化为产品、营销和渠道，以及系统的管理能力，才能够反映出企业真正的运营能力。

我们可以逐一分解创业六个元组的内容。

在创业领域，选择一条具有潜力的赛道至关重要，这是创业资源第一剑。风口赛道，往往意味着市场需求的爆发式增长、政策支持的倾斜以及资本的高度关注。然而，这也意味着激烈的竞争和快速变化的市场环境。因此，创业者需要敏锐洞察行业趋势，识别并抓住那些既能满足当前社会需求，又具有长期发展潜力的领域。同时，也要对赛道内的竞争格局有清晰的认识，避免盲目跟风，寻找差异化的切入点，以在激烈的竞争中脱颖而出。

很多创业原则要求企业不能够跟风，事实上，如果我们回顾过去20年的创业规律就知道，风口是一阵一阵的，一个时代的企业往往就集中在时间窗口期诞生，PC互联网时代创业是这个规律，移动互联网创业也是这样的规律，未来，人工智能领域的创业行为也会是如此，因此，对于风口和风口赛道这样的词语，还需要做深度理解。产业转换的时间窗口期是需要企业认真把握的事情。

如果仔细观察近年来的典型赛道和典型企业，就会发现企业的技术工程能力和技术产品化的能力是驱动创新价值产生的基石。技术是创业资源的第二剑。之前，创业领域对于硬科技并没有如此关注，但近年来，核心技术工程在创业成功项目的比率急速上升，往往能够解决社会经济的痛点问题，同时创造了巨大的需求。说技术是创业项目能否实现突破的关键，也不为过。

对于初创企业而言，技术可以是实现国产替代、解决行业痛点、提高生产效率或创造全新用户体验的利器。技术的先进性、可行性和可复制性都是投资者考量的重要因素。特别是那些能够实现颠覆式创新的技术，往往能吸引更多的资本关注。

但值得注意的是，技术创新并非一蹴而就，需要持续的研发投入和人才支持，因此，创业者需要构建强大的技术团队，并保持对技术前沿的敏锐洞察。

创业资源第三剑，企业需要有合适的团队，这是企业成功的核心驱动力。团队是创业项目最宝贵的资产。一支优秀的团队不仅应具备丰富的行业经验、专业技能和创新能力，还需要有共同的愿景、良好的沟通和协作能力。创始人的领导力和人格魅力对于团队的凝聚力和执行力有着至关重要的影响。投资者在评估团队时，会特别关注团队成员的背景、过往业绩、团队结构以及团队文化等因素。一个稳定、高效且充满激情的团队，往往能赢得投资者的青睐。

企业的市场规模和产业空间是创业资源的第四剑。企业的市场规模代表企业的成本控制能力和供应链的控制能力,产业空间则是市场潜力的试金石,规模就是看这条赛道能够支撑几家百亿元、千亿元"独角兽",如果规模太小也不被资本市场看好。产业空间足够巨大,能够带来持久的增长潜力和资本想象力,这样的产业空间规模容易形成高估值和高市值企业。

尽管现在很多创业学说要求创业者采用利基生存策略,对于资本市场来说,市场规模是决定创业项目能否持续发展的关键因素之一。一个足够大的市场,才能支撑起企业的快速成长和规模化发展。在评估市场规模时,创业者需要关注目标市场的总容量、增长速度、竞争格局以及未来发展趋势。同时,还需要考虑自身产品或服务在市场中的定位和竞争优势,以确保能够在激烈的市场竞争中占据一席之地。如果市场规模过小,即使短期内能够实现盈利,也难以吸引大资本的关注和支持。

创业资源第五剑,在于企业的商业模式设计。商业模式是一种统合运营和管理的系统因素,企业的其他资源需要通过商业模式来总体引领,商业模式是创业项目如何赚钱、如何持续赚钱、如何吸引并留住客户的根本逻辑。

一个清晰、可行且具有创新性的商业模式,能够显著降低企业的运营风险,提升盈利能力和市场竞争力。在构建商业模式时,创业者需要充分考虑市场需求、竞争格局、成本结构、收入来源等多个方面,确保商业模式既能够解决客户的实际问题,又能够实现企业的可持续发展。此外,随着市场环境的变化和技术的不断进步,商业模式也需要不断调整和优化,以适应新的市场需求和挑战。

将创业外脑作为创业资源的第六剑。这是从软性管理资源和制度资源视角进行思考的,能不能将所有的经营元素和资源要素组合成一个有机整体,将考验企业运营团队的思维开放性。即使像华为这样的企业,也是在自己实践和外脑辅助之下，一路走向成熟的。

创业者知道外脑的价值，其实企业的硬资源和软资源是同样重要的。外脑，即外部专家顾问、投资机构、合作伙伴等资源的集合，是创业项目成功获取融资和快速发展的关键助力。

创业者需要具备开放的心态和敏锐的眼光，积极寻求与行业内的专家、学者、投资人等建立联系和合作。外脑不仅能为创业项目提供宝贵的行业洞察、专业指导和资源对接，还能在关键时刻为项目保驾护航，降低决策风险。因此，创业者需要学会如何借助外脑的力量，将其转化为推动项目发展的强大动力。

有时候，外脑的价值在某一个特定阶段，能够推动创业企业的发展，正如蔡崇信对于阿里巴巴早期管理体系的战略梳理，为后来阿里的发展提供了战略管理基础架构，因此，这是企业经营中一个特别灵动的因素。管理流程的变革、关键产品的研发、企业连续的融资计划等，均可以在与高质量的外脑协作中，获得更大的成果。

回到创业六脉神剑中的六个元素，我们需要深刻认识其中的关联性整体性，创业市场能否成功获取融资，需要从赛道、技术、团队、规模、商业模式和外脑多个方面进行综合考量。只有在这六个方面都具备优势的项目，才能赢得投资者的青睐和支持，从而在创业道路上走得更远、更稳。

5. 用企业生命周期模型看创业

对于初出茅庐、怀揣梦想的创业者而言，获得投资人的青睐无疑是加速其成长轨迹的关键一步。而在一级投资市场，尤其是天使投资阶段，这更像是一场高风险高回报的探险之旅，投资人需具备敏锐的洞察力与非凡的勇气，方能在这片未知的土地上挖掘出未来的独角兽。

天使投资人，作为这场探险的先驱者，他们不仅是在寻找项目，更是在寻找那些能够引领行业变革、拥有非凡愿景与坚定信念的创业者。在这个阶段，大多数项目或许还未被市场广泛认可，甚至可能遭受质疑与冷遇，但正是这份"不被看好"的特质，往往孕育着巨大的潜力与机遇。天使投资人深知，真正的创新往往诞生于边缘地带，他们乐于在众人忽视的角落，用独到的眼光去发现那些与众不同的团队与想法。

这种反向行走的勇气，源自天使投资人内心深处对未知世界的渴望与对价值的深刻理解。他们不仅要有能力穿透表象，洞察项目背后的核心价值与增长潜力，更需具备一种敢于挑战常规、勇于承担风险的魄力。

很多一级投资人都喜欢和年轻创业者一起活动，展开自己的接触面，这种创业社交活动是一种日常，一级投资者对人有极大的兴趣。在年青一代创业者聚集的聚会与狂欢中，天使投资人如同寻宝者一般，穿梭于人群中，用敏锐的直觉捕捉那些稍纵即逝的灵感火花。他们乐于倾听每一个看似不切实际的梦想，因为历史无数次证明，正是这些看似不可能的想法，最终改变了世界。

对于天使投资人而言，反向行走不仅是一种投资策略，更是一种生活态度与哲学思考。它要求投资人不断突破自我认知的边界，勇于走出舒适区，去探索那些未知且充满挑战的领域。在这个过程中，投资人不仅是在寻找下一个优秀的企业，更是在寻找自己内心的那份纯粹与激情，那份对创新与变革永不熄灭的渴望。

对于一级市场的投资人而言，培养反向行走的特质至关重要。这不仅是一种投资素养的提升，更是对自我认知与价值观的一次深刻洗礼。只有那些敢于在众人之前先行一步，勇于在未知中探索的投资人，才能在这场充满变数的创业投资之旅中，发现并陪伴那些终将改变世界的创业者。对于天使投资者而言，一生只要发掘一个能够改变世界的创业者，将其转变为企业家，一生的成就也就足够了。

早期投资者其实是一个产业的起点开创者，他们善于用企业发展周期理论来看待创业。企业生命周期模型为创业者提供了一个理论框架，帮助他们更好地理解创业过程中企业可能经历的不同阶段（如起步阶段、成长阶段、成熟期、衰退期等），以及每个阶段的特点、问题和应对策略。通过模型，创业者可以预测企业未来的发展趋势，提前做好准备，避免在关键节点上陷入被动。

早期投资者自己其实就是一个具备企业家精神的创业者，虽然这些人都是一个企业甚至是产业的起点开创者，但在起点之上，就需要看到全产业周期的因果。需要理解产业发展规律，才能够做出反周期的决策。每一位早期创业者与投资者都是勇敢的探索者，他们不仅怀揣着改变世界的梦想，更是企业乃至整个产业生态的奠基者。

这些先驱者，以其独特的企业家精神，在未知与挑战中开辟道路，他们的每一步都蕴含着对行业深刻的理解与前瞻性的洞察。正如古语所云："不谋全局者，不足谋一域。"

企业家精神，是早期创业者与投资者共有的宝贵财富。它不仅是对创新的追求，更是对风险的无畏、对挑战的拥抱，以及对未知世界的无限好奇。这种精神激励着每一位创业者，在资源有限、环境不确定的情况下，依然坚持自己的梦想，不断探索、试错、优化，直至找到通往成功的路径。而对于投资者而言，企业家精神则体现在他们对创业者的深刻理解与信任上，他们愿意与创业者并肩作战，共同承担风险，分享成功。

在创业的征途中，理解产业发展规律是至关重要的。产业的发展往往遵循着一定的生命周期，从萌芽到成长，再到成熟与衰退，每一个阶段都有其独有的特征与机遇。早期创业者与投资者，需要具备洞察未来的眼光，通过对市场趋势、技术革新、政策导向等因素的综合分析，把握产业发展的脉搏。更重要的是，他们需要在顺境中保持清醒，在逆境中看到希望，做出反周期的决策，即在市场低迷时加大投入，以较低的成本获取更多资源；在市场过热时保持谨慎，避免盲目扩张带来的风险。

在此背景下，创业孵化器如 Y Combinator（YC）及智和岛等，尽管业务重心不同，但成为连接创业者与投资者的重要桥梁。这些孵化器不仅为初创企业提供物理空间、资金支持等基础服务，更重要的是，它们通过构建一套完整的服务体系，助力了企业跨越从起步到成长的每一个关键阶段。

YC 与智和岛等孵化器的服务逻辑，核心在于深入研究企业起步阶段的成长规律。在这个阶段，创始人和团队的成长是决定企业能否成功存活并发展的关键。因此，这些孵化器不仅关注项目的商业模式、技术可行性等硬性指标，更重视创始人的领导力、团队协作能力、市场敏锐度等软性实力。通过一系列的培训、导师指导、资源对接等活动，帮助创始人快速成长，为企业的长远发展奠定坚实基础。

为了更好地支持创业企业，全球知名的创业孵化器纷纷构建了全流程的服务体系。从天使轮到 A 轮、B 轮乃至后续融资，孵化器都会提供全方位的支持。在天使轮阶段，孵化器会帮助创业者完善项目计划、对接天使投资人；进入 A 轮后，孵化器会进一步协助企业优化产品、拓展市场、建立品牌形象；到了 B 轮及以后，孵化器会关注企业的战略规划、资本运作及国际化拓展等方面。通过这样连续运作的资本网络，孵化器将与创业企业紧密连接在一起，形成强大的生态效应。

对于创业者而言，需要有发展周期概念，知道自己的长路到底有多长，发展曲线在什么样的阶段需要转向，这些都已经内置了战略阶段划分的思维模式。例如，在起步阶段，重点是建立企业基础、确立价值观和经营方向；在成长阶段，则注重产品创新、市场拓展和成本控制。在成长期，可能需要增加对产品研发和市场推广的投入；而在成熟期，则可能需要加强内部管理和品牌建设。通过优化资源配置，创业者可以提高企业的运营效率和市场竞争力，为企业的长期发展奠定坚实基础。

根据企业所处的生命周期阶段，创业者可以更加合理地分配资源。例如，企业生命周期模型要求创业者时刻关注市场动态和客户需求的变化。这有助于创业者及时把握市场机会，推出符合市场需求的产品和服务。管理大师德鲁克就告诫说："一件产品进入市场时候就要知道产品退出市场的时间点。"其实，这就是创业者面对周期思考的务实态度。

6. 尽早用自主造血能力验证商业模式

对于创业企业而言，需要像商人一样思考，这是一条准则，做企业的人，实现盈利和扩大商业成果是一种必然的本分。一切其他的企业元素都需要服从于商业原则。即使在华为这样的靠科技研发为基础的企业，也将自己定位为"工程师商人"。

创业企业的最好状态，就是尽早实现盈利，一家正在盈利的企业，可以思考自己何去何从。在过去十几年，创投领域就有大量的教训。在深圳，有一家知名的科技独角兽企业，其在数字显示领域，有很多领先的技术专利组合。这家企业在成立初期及发展过程中获得了多轮融资，累计融资金额超过70亿元，但这些资金并未能转化为可持续的盈利能力。公司长期亏损，资金链紧张，最终导致了财务困境。

其结论很简单，融资频繁但未能有效利用资金，导致公司无法摆脱对外部融资的依赖，缺乏自我"造血"能力。这家企业在资金管理上存在严重问题，过度依赖高投入的研发模式，导致资金链断裂。公司在面临资金困境时未能及时调整策略，反而继续坚持高投入的研发模式，最终陷入了财务困境。我们再次需要明晰一点：对于任何创业企业而言，商业价值一定是大于技术价值的。企业需要由商业人士来掌管，这几乎是一条铁律。

由于缺少明晰的产品应用赛道，技术专利集群和先进技术就无法通过具体的产品和服务，实现预期之中的几百亿元甚至千亿元营收，但这些构想仅仅停留在商业计划书中。这家企业也曾计划通过IPO募集巨额资金，但由于市场接受度低、财务透明度受质疑等原因，IPO之路戛然而止。这不仅未能解决公司的资金问题，还进一步加剧了市场的担忧和质疑。

公司在上市辅导和招股书披露过程中暴露出的内部管理问题，如客户背景蹊跷、交易真实性存疑等，也影响了投资者的信心。这些对于正常盈利的企业来说，都是末节问题，但对于烧掉近百亿元资金，却不能成为一家产业领先型企业，这才是真正的问题。

我们在向深厚科技背景的创始团队咨询服务的过程中，需要观察创始人的商业气质，在市场经济中，一切需要按照市场原则来办事，这是常识和基础。从技术专利到面向精准需求的解决方案，这才是创业企业该干的事情。

案例企业虽然在柔性显示和传感技术领域取得了突破，但在应用场景拓展方面存在不足。公司未能充分利用其技术优势开发更多具有市场竞争力的产品和应用场景，导致技术优势未能充分转化为商业价值。从技术到具有核心竞争能力的产品系统，到带来现金流的管理流程，其实才是企业需要解决的根本问题。技术与市场脱节，这是中外很多企业都犯过的错误。在技术创新上投入了大量资源，但忽视了市场的真实需求。案例企业生产的折叠屏手机等产品虽然具有创新性，但高昂的定价与市场对实用性的期待存在较大落差，导致销量不佳。公司过分强调技术领先性而忽视了市场接受度，导致产品难以赢得消费者的青睐。

对于创业企业，有几点是值得注意的，一方面，企业需要注重融资的可持续性和资金的有效利用；另一方面，企业需要深入了解市场需求并开发出符合市场需求的产品和服务。同时，企业还需要加强内部管理、提高财务透明度并拓宽应用场景以实现长期可持续发展。

在本节，我们强调企业从创办第一天就拥抱市场，在创业的过程中，尽早用自主造血能力验证商业模式的优劣是至关重要的，可以毫不夸张地说，这可以帮助企业少走80%的弯路。

企业能够养活团队，就主动；企业不能够拥有来自市场的现金流，就被动，融资的钱和企业市场来的现金流是截然不同的两种钱，创业者在此一定要分清楚。

创业初期，企业面临着极大的不确定性和风险。市场环境、消费者需求、竞争态势等因素都可能对商业模式的有效性产生重大影响。通过尽早具备自主造血能力，即企业能够通过自身的运营活动产生足够的现金流以支持其日常运营和未来发展，企业可以降低对外部融资的依赖，从而减少因资金链断裂而导致的经营风险。这种自我维持的能力是商业模式稳健性的重要体现，有助于企业在不确定的市场环境中保持稳健发展。

商业模式并非一成不变，而是需要随着市场环境的变化和消费者需求的演变而不断迭代优化。尽早用自主造血能力验证商业模式，可以让创业者更快地了解市场反馈，发现商业模式中的不足和潜在问题。通过收集和分析实际运营数据，创业者可以更加精准地定位问题所在，并据此进行快速迭代和优化。这种快速响应市场变化的能力，有助于企业在激烈的市场竞争中保持领先地位。

对于初创企业来说，获得投资者的信任和支持是至关重要的。而投资者在评估一个项目时，除了关注其创新性和市场前景外，更看重的是其商业模式的可行性和盈利能力。如果企业能够尽早拥有自足造血能力，证明其商业模式具有自我维持和盈利的能力，那么这将极大地增强投资者的信心，提高融资成功的可能性。同时，这也为企业在后续融资中争取更有利的估值和条款提供了有力支持。

实现自主造血能力不仅是对商业模式的一种验证，更是对团队凝聚力和执行力的一种考验。在创业初期，团队成员往往需要面对巨大的工作压力和不确定性。如果企业能够尽早实现自主造血能力，证明其商业模式具有可行性，这将极大地鼓舞团队成员的士气，增强他们的归属感和责任感。同时，这也将促使团队成员更加专注于企业的长期发展，提高执行力和工作效率。

创业的目标是实现企业的可持续发展。而实现自主造血能力是企业可持续发展的基础。只有具备自我维持和盈利能力的企业，才能在激烈的市场竞争中保持稳健发展，不断壮大自身实力。因此，在创业过程中尽早用自主造血能力验证商业模式的优劣，对于企业的长远发展具有至关重要的意义。

因此，这其实是一种忠告，也是提升企业生存能力的真相。尽早用自主造血能力验证商业模式的优劣是创业过程中不可或缺的一环。它不仅有助于降低风险与不确定性、快速迭代与优化商业模式、增强投资者信心、促进团队凝聚力与执行力，更为企业的可持续发展奠定了坚实的基础。

第二章
投资破局
——私募股权管理失控分析

1. 投研能力，专业素养驱动资本力量

我们有必要对国内私募基金的运营做一个系统的梳理。如果说企业是一个环环相扣的精密流程体系，成熟企业是不需要所谓的企业英雄的。成熟企业其实是反对"经营天团"这种说法的，我们熟悉的华为管理，就有一个用制度流程来替代"企业英雄"的过程。一家专业基金的管理和一般企业的经营是不同的，常识告诉我们，投资运作都是反周期的，这需要一种跨越周期的洞察能力，这种洞察能力，表现在少数人身上，而不是大团队中。

这就是投资领域的特殊性，人几乎就是投资机构的一切。所谓一切都是为认知在买单，至少在创投领域是适用的。我们看看私募基金的招聘策略，大概就知道了。

这些投资基金的经理，都有明确的招聘标准，具有深厚行业背景、丰富投资经验和卓越分析能力的专业人才，才能够加入团队。这些人才能够为公司带来新鲜的视角和创新的思维，推动投研能力的提升。可以这么说，私募基金放进来一个庸人，对于整个基金都是一种伤害，没有做正确事的人，之后在投资过程中，一切行为都是错的。

关于私募基金的投研能力建设，这不是一种"人多力量大"的游戏，而是少数人驱动大资本的战略游戏。这个领域，在全世界都是类似的。巴菲特和已故的查理芒格组合，或者大卫·史文森（2021年去世）与"耶鲁模式"，这些案例都说明一个道理，选择私募基金的顶尖高手，是如此困

难。在几十年的发展报告中，巴菲特屡屡被问及接班人问题，这个问题经过几十年也没有很好解决。而大卫·史文森一直注重人才培养，建立完善的人才培养体系，包括内部培训、外部交流、导师制度等，帮助员工不断提升专业素养和投研能力。定期的培训和学习，使员工保持对市场和行业的敏锐洞察力。而高瓴资本的张磊，就是耶鲁基金培养出来的投资人才。

顶级投资人确实如顶级的企业家一样，是难以复制的人才。而投资人才体系，最重要的一点就是要实现智力对于资本的引领。对于私募基金而言，提升投研能力和专业素养是持续发展的关键。

正如我们所说，未来的战略布局，其实是一场对于未来的战略对赌。比如，江苏常州在新能源领域的战略布局。在十多年前这个城市就笃定于新能源必将成为产业革命的先手，关键问题是，这些年，这个城市中的城市发展基金和私募资本都能够认知这样的一个事实，并且持续有巨额的资金投入其中。今天我们看到这个城市在新能源领域已经形成了巨大的产业生态，这些其实都是对于预见性洞察和持续行动的奖赏。我们可以下一个结论，在常州市政府部门隐藏着杰出的"投资经理"，他们和民间私募资本一起，完成了一项堪称杰出的事业。

在本节，我们主要描述一些领先基金确立的组织管理原则。比如，杰出的私募基金一定是由杰出的投资人引领的，而这些投资人对于自己的投资领域，建立了领先的投研能力，实现了认知领先。在与大众投资者的比较中，我们发现，最重要的一点，就是他们在大众投资者实现认知之前，就采取行动了。提早认知，提早行动，这是杰出的私募基金的一般行动模式。

一家平庸的私募基金管理和杰出者的区别，主要在于投研能力和专业素养的差别。投研能力强的机构，会形成对未来产业的系统认知，并在认知的基础上，进行优先布局。我们总是说杰出的投资人是伯乐，被投企业是千里马,其实真实的投资模型是这样的,在小马驹出生的时候,伯乐就需要知道,这是一匹汗血宝马,而不是等马儿已经长大了,才知道这是匹好马。这时候再去买马的时候,也就触犯了投资领域的一个天条:买入了被高估的资产,是一切投资灾难的开始。一切投资失控的原因,都在于此。如果说一家私募基金出现了管理问题,主要就是买入了高于其市场价值的资产。投资的原则如此简单,又非常复杂。

那么,一家投资机构如何来增强自己的投研能力、专业素养和行动能力呢?

科学决策其实就是对于投资对象的整体数据的把握,并且发现数据结构的指向价值。私募基金的投资决策依赖深入的市场分析、行业趋势判断、企业财务状况评估等多方面的研究。投研团队通过专业的分析工具和模型,对市场数据进行挖掘和解读,为投资决策提供科学依据。这种科学性的投资决策过程,离不开投研团队的深厚功底和专业素养。

一流的私募基金只投资自己能够理解并且看懂的项目,这是投资行为的边界,也是风险控制的基本方式,可以维持风险控制的有效性。私募基金在追求高收益的同时,也必须高度重视风险控制。投研团队在深入研究投资项目的过程中,会全面评估项目的潜在风险,并制定相应的风险控制措施。这种风险控制的有效性,直接关系私募基金的稳定运营和投资者的资金安全。而投研能力和专业素养则是确保风险控制有效性的关键因素。

我们谈及私募投资人的职业素养,早期的市场机会都是微观,都是边缘现象,这就需要投资人对机会的感知具有足够的敏锐性,而仅仅感知敏锐是不够的,还需要用开放的眼光和行动去寻找正在创业的企业家,这是两种认知流合一的过程。

私募基金的管理至少需要将一半的精力放在投研能力建设上。私募基金需要在复杂多变的市场环境中，敏锐地捕捉投资机会。这要求投研团队具备敏锐的市场洞察力和判断力，能够及时发现并评估市场趋势、政策变化、行业热点等可能带来的投资机会。而投研能力和专业素养则是培养这种敏锐市场洞察力的基础。

基于产业周期的管理水平，考验着私募基金的投资组合能力。举一个简单的例子，常州在锂电产业链上的持续努力，已经孵化并辅助实现了十几家企业上市，实现了3000亿元的年产值，有几百家大中小企业形成了产业配套生态；而过去10年，常州在石墨烯这种基础材料的应用场景之中，也进行了全球化合作和布局，这就是城市现金牛和未来的现金牛组合问题，现在，城市投资基金将部分投研能力投入低空经济，出台了产业政策，这种多元组合，事实上就是对于城市资本的一种优化配置。

对于具体的产业项目而言，私募基金通常会对多个项目进行投资，以形成多元化的投资组合。投研团队需要根据项目的风险收益特征、市场走势等因素，对投资组合进行优化配置。这种优化配置不仅有助于提高投资组合的整体收益水平，还能有效降低投资风险。而投研能力和专业素养则是实现投资组合优化配置的重要保障。

这种拥有现金牛的投资基金，吃着碗里的，看着锅里的，还有长在地里的，这种多元的资产组合，让基金拥有充裕的现金面对投资者和新机会，这是私募基金的理想运营状态。私募基金成功与否，很大程度上取决于投资者对其的信任程度。而投研能力和专业素养则是建立这种信任的关键因素之一。现在，私募资金领域的"二八定律"现象已经十分明显，那些具备良好运营能力的私募基金品牌，占据了大部分私募份额。

最后，我们来总结一下，投研能力和专业素养在私募基金的投资过程中具有举足轻重的地位。它们不仅决定了投资决策的科学性、风险控制的有效性、市场机会的敏锐捕捉以及投资组合的优化配置等方面，还直接关系私募基金的稳定运营和投资者的资金安全。因此，私募基金必须高度重视投研团队的建设和培养，不断提高其投研能力和专业素养水平。

2. 私募股权基金的现状和问题

对于国内私募股权基金的现状，用文字描述不如用数据来描述。国内的私募基金和创投资本，其实是一个新事物，在人们的印象中，职业的天使投资人和私募投资人是最近几年才被认知。

国内最早登记的私募基金管理人成立于1985年，一直到2010年前后，其间登记的管理人数量都是缓慢增长。2014年到2017年，这是中国私募基金管理人数量实现爆发增长的几年，近六成的人都是这几年成为基金管理人的。2015年是中国私募基金管理人数最多的一年，之后一直呈现出下降的态势。根据《2023中国私募股权管理人报告》，2023年新增管理人数量回到了16年前的2007年水平，相比2015年，下降了96.54%；从2015年算起，9年时间，主动或被动"消失"（注销）的管理人达到10068家。所以说现在是私募资本周期之中的寒冬，也不为过。

过去十年的私募资本实践已经说明了这一碗饭其实并不好吃。一万多家的基金管理人，有一半机构进入不到三年就又退出来了，有两成左右的机构进入退出时间是在一年之内完成的，能够存活三年的基金只有一半左右。

这些基金管理人快速进出，也说明了在私募基金的背后，隐藏着基本的行业门槛和运营规律。在基金运营系统中，绝不是只看钱好赚不好赚，运营基金需要极其坚硬的价值观支撑。耶鲁基金的已故投资人大卫·史文森就认为："耶鲁大学只会把钱交给有极高道德标准，同时遵守投资人职业操守，把受托义务置于首位的人。"

私募股权基金的管理，要比一家公司的管理复杂得多，其背后需要一种杰出的风险控制能力。让年轻的基金经理运作10亿元基金，稍不留神就会出现投资错误，带来巨大损失。因此，私募基金的基础管理十分重要。需要深入研究市场，密切关注市场动态，包括宏观经济形势、行业政策变化、市场竞争格局等。通过深入研究市场，把握行业发展趋势和投资机会。基金需要建立科学、高效的决策流程，确保投资决策的准确性和及时性。通过引入先进的决策支持系统，提高决策过程的自动化和智能化水平，降低人为因素的干扰。

正是因为很多基金的基础管理工作都没有做好，才导致了部分基金管理出现失控的情况，分析原因，还是基础能力缺失所引起的。我们可以引入咨询管理公司做类比分析，一家资深的咨询专家往往在世界级企业担任高管或者有类似的经验，才能够作为独立的企业顾问，指导企业管理层进行管理变革；而在基金企业之中，也需要有深厚的工作经验，或者连续成功的投资管理经验，才能够担当基金投资人的角色。而我们对于私募基金投资管理人需要提出更高的要求：咨询顾问和投资人的合体，才是合格的私募基金投资人。

对于很多入行不深，对于产业规律理解不透的私募基金机构，需要注意合规和风险控制。从数量方面来看，新规实施以来，存续私募基金管理人数量减少超千家。监管新规提高了行业门槛，导致部分小型私募基金管理人难以达到新规要求而主动退出。同时，市场环境的变化和对私募基金的严监管，使得新增和存续私募基金管理人数量都出现了明显下滑现象。这样的数据表明，严格监管之前，行业有大量的违规事件已经发生了。

由于新的监管政策的存在，私募基金行业正在重新洗牌。2024年上半年已注销923家私募，其中私募股权与创投基金的数量达到604家，这表明私募行业正在经历一个加速出清的过程。违规公司加速出清，个体管理人的管理成本将大幅提高，行业将向集中化、专业化、类公募化的方向发展。

关于私募基金在当下遇到的问题和挑战，我们还是用近期的产业数据进行分析：在国内私募基金中，管理规模小于5亿元的管理人共8028家，占比62.3%；管理规模小于10亿元的管理人共9478家，占比73.55%；管理规模大于50亿元的管理人共1082家，占比仅为8.4%；管理规模大于100亿元的管理人共571家，占比仅为4.43%。行业呈现出"二八定律"的特点，即少数大型管理人管理着大部分的资金，而大量小型管理人的管理规模相对较小。

由于过去几年股权投资和创投领域的乱象，很多基金企业还深陷在周期波动之中，投入的很多项目无法退出，这就无法向出资人交代，在短期内处于一种尴尬的局面，没有良性循环，募资难度加大；受市场波动的影响，私募股权基金的募资难度亦不断加大。投资者对私募股权基金的风险和收益预期更加谨慎，导致资金向头部管理人集中，而小型管理人则面临募资难的问题。

由于行业部分从业者自律不足，对于自身投资风险和回报协议缺失管理能力，导致一系列理解和投资领域的重大损失发生。因此，也就面临着更多的行业监管，监管力度的加强对私募股权基金的投资策略产生了一定的限制。例如，对于一些高风险、高收益的投资领域，私募股权基金可能需要更加谨慎地评估风险和收益，甚至放弃一些投资机会。随着监管力度的不断加强，私募股权基金行业面临着更大的压力。监管机构对私募股权基金的投资范围、信息披露、风险控制等方面提出了更高的要求，使得私募股权基金在运营过程中需要更加注重合规性和风险管理。

相对于一些明星和头部的私募基金，拥有一万余家的私募管理人机构的产业分布，这说明私募领域还是一个竞争激烈的市场。私募股权基金行业的市场竞争日益激烈，不仅体现在管理人之间的竞争上，还体现在项目资源、人才资源等方面的竞争上。这种竞争态势对私募股权基金的管理能力、投资能力等方面提出了更高的要求。

管理的松懈和杰出投资者的缺失，部分私募股权基金管理人在运营过程中存在合规性问题，如信息披露不充分、风险控制不到位等。这些问题不仅影响了投资者的利益，也损害了私募股权基金行业的声誉。这其实是低级错误，在以信用链为生命的私募资本圈之中是不应该发生的。而结果很简单：由于市场环境的变化和监管政策的收紧，私募股权基金面临着更大的经营风险。例如，投资项目的失败、资金链断裂等都可能给私募股权基金带来严重的损失。

这些问题全部会集中起来，私募基金投出去的项目，导致估值和企业都在，但退出渠道不畅，退出环节受阻，意味着资产难以变成资本，在一系列股权债务的纠缠中，创业者和投资者、出资人都在抱怨，这其实就是当下的尴尬局面。而本书的内容，就是要直面退出困难、私募股权基金的资金回笼速度变慢的问题，提高再投资能力和收益水平。

私募基金在创投领域碰到的问题，其实是历史遗留问题的出清过程。一些不符合监管要求或经营不善的管理人被淘汰出局，潮起潮落到风平浪静，才是正常的事情，市场需要严格监管，产业要在更加自律的基础上实现平静发展，这才是一种常态。私募股权基金管理人需要不断提升自身的管理能力和投资能力，加强合规性建设和风险控制工作，并积极寻求新的发展机遇和合作模式。

3. 赛道败局和集成投资策略失败

在本节中，我们会谈论两个现象：一个叫赛道败局，一个叫集成投资策略。在本书中，我们可能会谈及一些案例，但在谈及失败案例时，会隐去具体的名字，这里期望读者能够理解。两个概念放在一起讲述，其实说的是一个事情，赛道败局谈及的问题，主要是资本跟随风口，结果形成了赛道拥挤和践踏现象，本来好好的拥有世界主导能力的高技术产业领域，这些投资者却赚不到钱，还面临着巨额亏损。集成投资策略，这其实就是多元投资策略的一种说法。举个例子，就是建立类似从幼儿园到大学毕业的多层次资产投资组合，而这样的组合，是需要跨越几个产业周期的。因此，国内的私募基金在这些组合领域投资，表现其实并不理想。

在投资领域，人性的一个显著表现就是"羊群效应"。当市场上涌现出某种看似安全且广受赞誉的投资策略时，投资者往往会不自觉地加入这股潮流，寻求心理上的安全感和归属感。他们认为，只要自己的投资决策与大多数人保持一致，即便最终失败，也能因"法不责众"而减轻内心的负罪感。然而，这种从众心理忽略了投资的本质——独立思考与风险评估。市场总是瞬息万变，过于依赖他人意见或盲目追随热门投资，往往会使投资者错失真正的投资机会，甚至陷入高风险领域而不自知。

很不幸，这种投资赛道的践踏效应，就发生在光伏产业的投资领域。光伏市场因过度竞争导致企业和投资者难以实现收益，并引发投资跟风效应的问题。近年来，随着光伏技术的不断进步和成本的快速下降，光伏产业迎来了爆发式增长。然而，这种快速增长也带来了产能过剩的问题。多家光伏企业纷纷扩产，导致市场供大于求，产品价格持续下滑，企业利润空间被大幅压缩。根据行业数据，近年来，光伏多晶硅和硅片的价格下滑超过40%，电池片和光伏组件的价格下滑超过15%，这直接影响了企业的盈利能力。

事实上，光伏产业是典型的高新技术产品，是知识密集和技术密集型产业，这样的产业，需要企业不断投入研发，推出新产品。然而，这也导致了部分代理商积压库存，市场供需失衡，进一步加剧了市场竞争。在过度竞争的市场环境下，企业为了争夺市场份额，往往采取价格战策略。这种低利润竞争模式不仅损害了企业的盈利能力，也影响了整个行业的健康发展。

本来是一个黄金赛道，如何变成一个赛道败局的？我们还是要从专业资本干专业事的视角来看待问题。国内私募资本市场，包括公募市场，对于基金定位和保持投资多样性缺少认知。在缺少多样性产业投研能力的情况下，在光伏行业的高增长预期下，大量资本涌入，包括一些跨界投资者。然而，这些投资者往往缺乏对光伏行业的深入了解，盲目跟风投资，导致市场竞争进一步加剧。

光伏市场的产能过剩是导致企业难以赚钱的主要原因之一。供大于求的市场格局使得产品价格持续下滑，企业利润空间被压缩。高技术产业需要持续投入大量资金进行技术研发和产品更新。然而，这些投入并不一定能立即转化为市场收益，尤其是在技术迭代较快的行业中。此外，高昂的研发成本也增加了企业的运营成本。

因此，对于私募资本来说，需要有一种理想的产业生态环境，一旦环境生态恶劣，那是无法承载商业模式的。自由竞争也是有边界的，由于产业中的主要企业缺少竞合概念，缺少维护产业生态的行业自律行为，因而无法避免恶性竞争和价格战。事实上，对于一个战略赛道，企业之间也需要进行协作和合作，不碰产业共同的底线，以尽可能保持企业可持续发展的潜力，共同应对市场挑战。

我们举光伏的例子，其实并不是一个个例，很多私募基金投资的产业，都面临着和光伏产业一样的竞争情境。对于投资而言，在赶风口的过程中，需要在产业中找到关键节点进行布局，而人性的弱点往往成为这条道路上不易察觉的绊脚石。事实上，"不走寻常路"才是更好的投资哲学。和热带雨林一样，更多的物种和生态，相互之间错过生态位，相互抬高枪口，企业才能够有生存利基空间。"发现即摧毁"的旧的竞争哲学需要被重新思考。

人性对于主流投资路径的盲目追随，以及这种从众心理如何限制了投资绩效的潜力，造成了无数的大小赛道败局，这是需要警惕的事情。那些管理失控的私募基金管理，恰恰在于缺少长期主义的投资哲学指引，风口和周期需要放在一起思考。一项投资，知道如何开始，还需要知道如何收场，这才是一位合格的投资者的作为。只有这样，才能够建立一家真正践行长期投资理念、穿越周期、不唯阶段、创造价值的投资机构。

对于私募资本如何进行投资和战略投资，我们很容易想到的模型就是基于价值投资的"长坡厚雪"。其实在我们的私募投资领域中，还有另外一种配置模型，即成熟投资组合和定价机制相对不成熟、信息不对称程度较高的资产组合，通过组合来面对稳健的收益，同时也能够寻找到新的增长点。

举例来说，一家私募基金不能够将所有的资本都集中在风险投资领域。在理论上，私募基金需要挖掘一批具有高增长潜力的初创企业。这些企业虽然面临较高的不确定性，但一旦成功，将带来丰厚的回报。当然，私募基金作为正规军，不能像天使投资那样靠个人智识进行判断。私募基金投资初创企业，同样需要投资纪律，需要通过深入的行业研究和专业的尽职调查，确保每一笔投资都建立在坚实的价值判断之上，而非仅凭市场热度盲目跟风。

在前文中，我们谈到了集成投资策略，即建立类似从幼儿园到大学毕业的多层次资产投资组合。在投资过程中，要和企业家一起成长，实现完整的相关性收益和非相关性收益。通过精心设计的投资策略和严格的风险管理，找到属于自己基金的一个稳定且具有较高收益率的资产类别，这就是特色生存策略。通过构建多样化的投资策略组合，可以在不依赖市场整体表现的情况下，实现稳定的正收益。保持投资组合的灵活性和适应性，也为投资者提供了在不确定市场中保护资本的有效途径。

国内和国际上那些已经进入良性循环的企业，事实上已经架构在若干领先企业的股权收益之上。首先，他们是大企业的股东，在此基础上的投资行为，类似一种"准产融模式"，这是一种"不寻常"的路径。投资组合主要体现在资产配置、多元化投资，以及对另类资产市场的深入探索上。

对多元化投资组合进行集成，形成自己独特的投资风格，这是一种策略。基金注重构造一个非常多元化的投资组合，确保每种资产类别的配置比例上升到足以影响整个投资组合的水平，同时避免任何单一资产类别在投资组合中占据主导地位。比如，具备长期稳定需求的生活产品组合和科技赛道组合。食品产业和新能源产业组合。通过分散投资可以降低组合的波动率，从而降低风险，保证组合的基础收益。

但国内很多基金在投资组合领域都失败了，主要原因当然是企业建立集成式投资组合的时间比较短，在投资组合之中，无法形成均衡的回报组合。比如，不能依赖食品类投资作为主导，也不能依赖新能源类投资成为主导，而是建立一种平衡，以多角收益来对称具体产业的波动。

从中长期的私募基金的运作来看，集成投资组合策略需要基金注重长期投资。投资者应心无旁骛地投资于特定的投资组合结构，避免贸然调整持仓结构，渐进模式比激进模式更好。同时，投资组合的被动再平衡非常有必要，这是避免组合追涨杀跌的核心策略。企业需要有长中短的投资退出布局，一些优秀企业的股份可以一直持有，和企业一起成长，是一种理想状态。

基金卖出相对被高估的资产，买入相对被低估的价值投资资产，满足出资人的收益需求，可以确保投资组合始终保持在既定的资产配置目标上，从而实现长期的稳健回报。而很多基金之所以失控，恰恰是组合平衡被打破，过于激进，违背了投资纪律，没有形成相互支持的资产组织结构。

4. 缺少系统性的投资纠错能力

创投行业本质上就是高风险高回报的领域。在这个过程中，如何有效地管理风险，包括识别错误投资并及时纠正，是决定创投机构能否持续成功的关键因素。系统性的投资纠错能力正是风险管理体系中的重要一环，它能够帮助创投机构在面临投资失误时，迅速调整策略，减少损失，甚至将危机转化为机遇。

事实上，在真正将资金注入被投企业之前，私募基金管理强调的是整体的投资纪律，即按照严格的投资流程，认真走完流程。从投资流程来看，理论上，应该是基金投研领域在整个赛道投资上已经做了投资共识。换句话说，基金知道自己在赛道之中要完成什么样的目标，这个课程是投资之前就完成的。

按照本杰明·格雷厄姆的观点，企业在买股票（做股权投资）时，需要像股东和经营者一样思考问题。这就要求基金在投资之前需要做大量的内功。基金内部团队如果对一件投资案无法达成共识，这就是一件很奇怪的事情。基金需要像经营者一样，看到企业的积极的一面，也看到企业消极的一面，对于企业经营认知的颗粒度做到很细，达到了如指掌的水平，才能够和经营者一样，能够做投资判断和决策。

从我们的观察来看，在国内私募基金的创投实践中，确实很多案例暴露出很多问题。看到机会和捕捉到机会，并且能够驾驭机会，这是两个层面的问题。在商业中，往往简单的商业模式、显而易见的大机会，其背后的支持系统却复杂得令人发指，需要做深入研究和学习。巴菲特每天都要看8个小时以上的财报，认知和理解力从来就不是从天上掉下来的，一流的投资人一定是一个自己否定自己的人。

无疑，无论是国内资本，还是国际资本，在运营项目的时候，都回避这种复杂性，把这种棘手的事情抛给项目企业，他们只要绩效和收益。投后管理对绝大部分早期风投项目来说，就是自生自灭。所以，投后管理这样的一个至关重要的环节，没有多少标准的工作流程可以借鉴。其实投资机构都在做，但是没有完整的工作法。

整个资本机构的精力几乎都集中到了投资领域。媒体喜欢报道这样的新闻，某企业融到了一个数字的钱。至少很多媒体人并不知道投资背后的逻辑。投资机构和投资人如何和企业家互动？在整个投资的周期中，自己处于一个什么的角色？如何保持投资企业的健康发展？过程磨合不是一次交易，这种流程如何黏合两个团队，一直是个问题。

资本踏出的节拍是跟随趋势的，投前的逻辑就是找出未来的商业领袖，因为现在那些一线企业家不可能一直站在经济舞台的中间，取而代之的，是一种投资理想。对于投前的流程和策略，其实有无数的文字可以读。但是做事总有一个最核心的考量，投资人之所以投资一些企业创始人，大体上是这些人身上有令人感到震惊的经营要素。另外，作为投资机构，理论上就是在投资之前排除掉99%不合格的投资项目，这种过滤机制是怎么在实践中运作的就很难说了，那些有恒心融资的团队大部分最后都融到了资金，这其实是有悖论的。

现实生活中，一些平庸的项目也融到了钱。比如，笔者认识一个创业者，就在157次的路演之中，拿到了投资机构的钱，但在拿到钱之后，并没有将项目做成。因此，我们看到，即使有严格的投资纪律在，基金还是会大面积地犯错误，将正确的钱给了错误的人和项目团队了。

由于投资功课做得不细腻，投资者和创业者都偏离了真相，因此，投资研究需要研究更大系统，也需要研究经营的细枝末节，目的就是为投资人和投后管理团队提供真相。这也符合管理学上一条不需要证明的公理：管理的本质就是在事实基础上做决策。没有事实真相，就没有正确决策。

投资决策下来的项目有两次补救机会：一次是投资前的尽职调查，应该有一次自我否定的纠错机会；另一次机会，那就在资金已经投入后，通过投后管理，和被投企业进行战略协同，进行修正和补救。系统性的投资纠错能力不仅是对错误投资的补救，更是一种促进投资决策质量持续提升的机制。通过对投资案例的深入分析，总结成功与失败的经验教训，创投机构可以不断优化经营，总结成为投后管理流程，从而提高未来投资决策的准确性和成功率。

资本投后管理渗入创业企业的运营层面，在这之前是比较避讳的。这会引起猜忌和对信任感的伤害。这样的认知显然是过时的创投认知。面对不确定的未来，投后管理和企业创始人团队之间会出现路径分歧，这是一定会发生的，但追寻"真相"的探索不会停止。市场环境和技术进步日新月异，创投机构需要具备高度的市场敏感性和灵活性。系统性的投资纠错能力能够帮助创投机构在快速变化的市场环境中及时调整投资方向，抓住新兴机遇，同时避免陷入过时或风险过高的领域。

对于创投项目，投后管理纠错过程往往需要跨部门、跨团队的协作。一个完善的纠错机制能够鼓励团队成员之间的开放沟通、相互学习和共同成长。通过共同面对挑战、解决问题，团队凝聚力和战斗力将得到显著提升。

本书就是立足于投后破局，在大面积的创投项目投资难题退出的情况下，用投后管理系统渗入项目，像经营者一样思考，聚集创业者、投资者和外脑三者力量，将企业从管理失控和战略无效的情景中拉回来，重新走上正轨。对投资项目运营过程的评估应基于客观数据和科学分析方法，确保纠错决策的公正性和准确性。一旦发现投资存在潜在问题或已出现失误，应迅速响应，快速决策，以使损失最小化。但有一个基本思路，对于战术错误和个性不需要包容，创投行业本就是高风险高回报的领域，应鼓励创新和探索，对合理的失败给予一定的容忍度。

5. 过高估值带来退出困难

买入了被高估的资产，是一切投资灾难的开始。对于投资界，溢价收购一些创投企业股份是寻常的事情，这里应该是天使投资和A轮投资的收益来源。但是资产价格始终是一个核心问题。

合理估值和过高估值其实是有区别的，天使投资和A轮投资，事实上相当于是一个过滤器，这是将幼儿园孩子养得健健康康的，作为一个好苗子，送到小学。此时的被投企业还是一个小学生，处于高度不确定的阶段。天使投资的价值，就是从几十个或者上百个同类项目中，将优质的创业者初步挑选出来，而挑选创业者是有成本的，也是高风险的，这是很多大的私募投资机构愿意出高价收购天使轮创投企业股份的主要原因。

对于价值投资，可能私募基金不同的投资者会有不同的理解，但有一个基本的投资视角，就是购买了相关资产之后，能不能和原来的资产形成资产组合，可以提升效能，健全产业链，提升企业市场地位和竞争能力。同时，我们也需要看到，创投企业本身的资产质量是思考的重心，如果资产价值是独一无二的，比如在核心工程技术领域是独一无二的，或者占据了产业链上的关键节点，这样的资产一般都不会便宜。

在国内，很多创投企业在再融资领域遇到困难，导致早期投资者无法退出。多数情况下，这些项目都是一些平庸的项目。如果同类项目有若干企业，而被投企业还保持高估值的话，这就是内在价值和市场价格被倒置了。当市场价格远高于内在价值时，我们就称其为"被高估"。这是一场小型的击鼓传花的庞氏游戏，后续的投资机构当然就不会接招了，这是国内很多创投企业进不得也退不得的原因，一个小团队，几亿元人民币的估值，还没有实现市场营收，这样的资产定价其实是很奇怪的，但在创投圈中，是屡见不鲜的。

私募基金作为股权投资者和产业赛道投研者，其投资行为是理性的。在一级投资市场，每一次出手都需要大量市场研究支撑。市场价格是指资产在交易市场上的价格，由供需关系、市场情绪等因素决定。其投资行为不像二级市场，容易受非理性的投资行为影响。对于一级市场而言，其投资的根本分析系统就是价值投资，这是准绳。在投资中，内在价值是指资产的真实价值，通常通过基本面分析，如财务报表、市场前景、行业状况等得出。其中一个重要的原则，就是避免购买被高估的资产。被高估的资产指的是市场价格超过其内在价值的投资标的，这是很多股权并购最终失败的主导原因。低价买入，高价卖出，而不是高价买入，低价卖出，这是一切生意的常识。国内创投出现大面积退出梗阻的原因，其实就在这里，经济周期波动加上估值过高，构成了现实的困境。

一些不成熟的投资者包装项目，引导舆论，制造风口，想利用市场投机的心理，来解决创投过程中的难题。这种通过营造乐观环境的做法，终究不能脱离经济学基本原理，只有有持续增值价值且稀缺的资产才会受青睐。市场上的投机心理和过度乐观往往导致资产被高估。投资者可能被市场的短期繁荣迷惑，忽视了资产的基本面，从而在市场情绪高涨时高价买入。这样的情况常常会导致市场泡沫的形成，而一旦泡沫破裂，资产价格会迅速下跌，带来灾难性的后果。由于国内的创投市场属于成长型，很多新晋的投资人缺少投资方法论，也缺少投资纪律，产生了一些质量不高的股权交易。

被高估的资产往往意味着其未来的潜在回报已经被市场提前透支。因此，当投资者以高价买入这些资产时，他们实际上是在承担更高的风险以换取较低的预期回报。在极端情况下，如果市场情绪逆转，资产价格可能会迅速下跌，导致投资者遭受重大损失。这种风险与回报的极度不匹配，是投资灾难的根源之一。

因为市场价格不可能无限制地偏离内在价值，最终会因为各种市场因素的调整而回归，这种回归往往表现为价格的下跌。投资者在这种情况下不仅无法实现预期的回报，反而可能遭受重大损失。

另外一个估值过高难以退出的因素，来自投资者和创业者共同的感知。一旦投资者开始持有被高估的资产，他们可能会陷入"损失厌恶"的心理状态，不愿意在资产贬值时卖出以承认损失。这种心理往往会导致持有时间过长，最终损失更多。长远来看，这种投资策略可能会破坏整个投资组合的表现，严重影响投资者的财富积累。

投资者错误地判断了资产的价值，或者市场长期维持非理性状态，那么这种长期持有的策略可能会变成一种痛苦的煎熬。

2024年2月，中国基金业协会数据显示，中国存续私募股权投资基金和创业投资基金一共达到54895只，存续规模达到14.3万亿元，业内估计其中一半处于退出期。也就是说，有7万亿的投资无法进入退出的流程。这里有数量庞大的创投企业需要稳定经营，回到价值领域，等待适当的时机，执行退出方案。但总体来说，除了进行自我造血，打牢根基，寻找新需求，没有其他更好的路径了。

从经济学的角度来看待当前的高估值和退出难问题，持有和买入被高估的资产不仅意味着潜在的亏损，还意味着错失了其他更具价值的投资机会。资金被锁定在高风险的资产中，投资者可能无法在适当的时候调整投资组合，或错过更优质的、价格合理的投资标的。

因此，在投资过程中要始终保持理性、谨慎和自律，以确保我们的投资行为始终基于对资产真实价值的准确判断和对市场风险的充分认知。

6. 政策与趋势影响投资结果

在前文的案例中，我们谈及了中国光伏产业企业之间激烈竞争导致行业利润率大幅下滑的问题。其实这样的问题，个别企业是无法发挥作用的，出路只有一条，那就是在市场原则下，形成新的产业生态和新的竞合体系。产业生态的价值，不在于帮助企业获得更高的利润率，而是留下合理的实现行业可持续发展的利润率。

政策对于产业发展，具有建立完整产业链，构建生态圈的价值，这是产业和政府、社会趋势共同缔造的经济环境。如2024年1月27日，国家发展改革委、国家统计局、国家能源局联合发布《关于加强绿色电力证书与节能降碳政策衔接大力促进非化石能源消费的通知》，文件明确指出，将绿证用量纳入省级人民政府节能目标责任评价考核中，加快建立高耗能企业可再生能源强制消费机制，用绿证消除碳足迹。在新的政策文件中，要求重化工业和绿色能源实现捆绑，在这样的政策变动下，高耗能企业需要大量的电力来支持其生产和运营，通过采用绿电，不仅可以降低碳排放量，还可以获得经济补贴。

无疑，这样的政策文件的发布，对于相关行业和企业而言，会得到新能源领域的配套投资，在客观上，可以盘活大量沉没的光伏资产投资和风电、水电领域的投资，一批私募基金可以在资产增值的条件下得以成功退出。其实，这就是产业政策和社会需求趋势对投资结果产生了正面影响，对于国内的新能源产业是一种利好。

可再生新能源是大势所趋，从政策视角来看，重化工业和新能源的联姻，是需求和供给之间的连接，也会产生新的产业工程技术需求，比如，如何保证新能源供应的稳定性？风能和光伏不稳定，如何构建更稳定的多元化的供电系统？这些挑战，其实也是新投资的机会，那些退出的私募投资基金，可以在这些新的领域继续发力，本质上，这就是投资和产业之间的产融模式。

政府通过产业政策引导经济发展方向，对私募基金的投资标的产生直接影响。例如，政府支持的高科技、新能源等领域，通常会吸引大量私募基金的关注，因为这些行业在政策推动下具有较大的成长潜力和较低的政策风险。

当然，政策监管也可能对于一些产业环境带来变化，政府对私募基金的监管政策直接影响基金的运作模式和投资策略。例如，某些行业的监管加强可能导致相关投资标的风险增加，使得私募基金不得不重新评估投资组合中的风险。此外，税收政策的变化、外资准入政策等也会影响基金的收益预期和投资选择。

国内很多产业政策都是值得跟随的，对于私募资本来说，可以选择自己能够干好的关键节点，不要和大基金直接竞争，这是一种应对之道。笔者所在的长三角经济体，事实上也是国内紧跟产业政策行动最快的地区之一，我们所在的创投热土常州，在新能源、基础新材料和低空经济领域的布局，已经充分证明了这一点。

前文我们已经强调了投资者需要周期思考，智和岛投后管理的另一个底层思考模式就是基于产业扩张周期理论。投资人需要确认创业企业处于社会环境中的哪个周期中，如果整个产业还处于扩张周期中，那么就需要量化预测这样的周期能够有多长。虽然有人说没有不好的行业，只有不好的企业，对于资本方来说，在行业萎缩期进入一个利润良好的企业，有点短期利润，但不见得就有未来。私募资本需要跑赢半个产业周期，大体上才能够驾驭复杂性变化。

市场趋势会体现在国家整体的产业政策中，并且会形成经济周期，经济周期的变化对私募基金的投资策略有重要影响。在经济扩张期，基金可能更倾向于投资增长型企业或高风险高回报的项目；而在经济衰退期，基金则可能更加保守，倾向于投资防御性行业或现金流稳定的企业。今天很多创投机构就在这个保守的周期内，因此还需要忍耐。

除了政策趋势，对于社会经济影响最大的是创新和技术趋势的变化。技术创新趋势同样是私募基金关注的重点。新技术的出现，如人工智能、区块链等，可能会彻底改变某些行业的竞争格局，私募基金通过提前布局这些新兴技术领域，能够获得超额收益。然而，这也伴随着高风险，因为技术发展可能并不如预期。智和岛的对策，其实是要求创投企业一开始就紧盯市场和具体的应用场景，这样运营下来不会吃亏。

政策与市场趋势往往是相互作用的。例如，当政府推出支持绿色能源的政策时，市场趋势也往往会向这个方向倾斜，导致相关企业的估值上升，吸引大量私募基金投资。然而，这也意味着如果政策发生变化，相关行业可能会面临估值下跌的风险。当然，我们必须接受创投领域一直波动的事实，关键是利用好波动，而不因为产业周期的波动性而陷入被动。

关注长期趋势，如国家推动经济结构转型、促进消费升级等。这类政策的长期导向使得私募基金可以在更长的时间跨度内布局相应的投资领域，从而实现稳定的收益增长。与此同时，基金需要不断关注政策的变化，及时调整投资组合以适应新的政策导向。

我们回到微观领域。创投企业需要直面政策不确定性的风险，尤其是在跨国投资或特定政策环境不稳定的国家或地区，突如其来的政策变动，如限制资本流动或征收新税种，可能会使基金面临意料之外的风险。市场趋势的变化并不总是线性或可预测的。某些私募基金可能因过度依赖当前的市场趋势而忽视了潜在的反转风险。例如，投资一个快速增长的行业，如果市场情绪突然逆转或技术瓶颈出现，可能会导致基金遭受重大损失。

政策与趋势对私募基金的投资结果有着双重影响。政策环境提供了规则和框架，直接影响基金的合规性和投资方向，而市场趋势则决定了投资标的的潜在回报和风险水平。私募基金在制定投资策略时，必须仔细分析政策与趋势的互动，灵活应对不确定性，从而在复杂的市场环境中实现最佳投资结果。

第三章
创业外脑有力量

1. 外脑是创业公司实时导航仪

投后管理的本质就是协助创业企业在事实基础上做决策。这看似很简单的一句话，却需要投后团队进行深度学习和实时分析环境的能力。这印证了一个当代技术领域一个最重要的逻辑：越是简单的前台，后面的支持系统就会越复杂。

我们放眼中外创业企业的成长历史，只有很少的成功企业依赖独自努力，需要在咨询公司和顾问的参与之下，一步一步和前发展。创投企业同样需要外脑的力量。投后管理向企业输出简单的预警建议，提供更多的与事业紧密相关的真实信息，用数据拼成真相，而不是主观的虚象，这确实是投后管理团队最明晰的职责所在。这样的预警模式其实需要更高的服务能力。

投资机构和投资人往往将更多的精力分配到了前端，而对后端的管理采取了"视而不见"的模式。这种视而不见在实际操作中就是一种失控和放养策略。资本按照公司的价值认定投出去了，至于后面的事情，只能用"看对了项目"和"看走眼"这样的词句来总结。用一个成功去抹平所有的不成功项目，已经是一个不成文的投资游戏。全流程创投风控防范体系已经成为投资界的一种普遍的需求，而全球成功的投后管理服务，则需要外脑的持续参与，创业投资在国内是一个热点，创业过程服务则是一个稀缺的企业服务形态。

对于外脑的价值和力量，今天的多数创业团队没有养成开门办事的习惯,即保持最大的开放性来完成自己的企业经营目标。一位孵化器的 CEO 对笔者说:"很多年轻的新晋创业者,他们在内在精神上渴望获得一种创业自由人的地位。其实这是一个危险的倾向。这就像很多家庭底子不错的父子关系,父亲总是竭尽全力避免自己的儿子跳进自己掉过的坑里,但儿子却对于显而易见的陷阱充满了好奇心。对于掉坑,过来人知道深渊的可怕之处,大方向走错一步,折回来,就是十年时间。"

笔者觉得对于"创业自由人"这样的词语总结得很好,事实上,创业行为刚好是相反的,创业过程就是失去行动自由的过程,正如最简单的哲学思考所表现:"你创造了自己的系统,也会被困在系统里。"

创业是一场智慧与策略的较量。随着科技的飞速进步和全球市场的深度融合,任何一个踏上创业征途的企业,都必须深刻理解并拥抱"开放系统"的理念,将其视为生存与发展的基石。这不仅是对创业者个人的要求,更是对整个企业架构与运营模式的深刻变革。

创业企业必须保持足够的开放性。所谓"开放系统",是指一个能够与环境进行物质、能量和信息交换的体系。对于创业企业而言,这意味着必须打破传统封闭的经营模式,主动寻求与外部世界的连接与合作。在这个信息爆炸、资源丰沛的时代,没有哪一家企业能够独力承担所有创新的风险与成本,也没有哪一家企业能够垄断所有必要的知识与技术。因此,创业企业必须保持高度的开放性和灵活性,通过构建便捷的对外接口,吸引并整合来自政府、投资机构、科研院校、产业链上下游以及广大消费者等多方面的资源与支持。

全球创新和全球竞争是创业企业面对的现实,"敝帚自珍"的局限与风险可能会让企业在商业竞争之中覆亡。只有直面竞争,才能够理解对手,超越对手,甚至超越竞争。

"敝帚自珍"比喻过分珍视自己并不出色的东西。在创业领域,这种心态往往表现为过度自信自身的能力与资源，忽视了外部世界的机遇与挑战。这种自闭状态不仅限制了企业的视野与成长空间，更容易导致决策失误和错失良机。在快速变化的市场环境中，任何一次故步自封都可能是致命的。创业企业必须勇于自我革新，积极拥抱变化。

面对复杂多变的经营环境，创业企业迫切需要一位"实时导航仪"——创投外脑的支持与引导。创投外脑，作为专业服务机构或资深行业专家，凭借丰富的市场经验、敏锐的行业洞察力和深厚的资源积累，能够为创业企业提供全方位、个性化的咨询服务。它们不仅能够帮助企业明确战略方向、优化资源配置，还能在关键时刻提供危机应对方案，助力企业稳健前行。关键时刻和关键决策，有多方专业人士参与商量，做沙盘推演，能够防止企业出现战略错误。

正如导航系统之于司机，创投外脑之于创业企业，其核心价值在于对抵达目标过程中的精细化管理。这包括对市场趋势的精准把握、对竞争对手的深入分析、对内部团队的有效激励以及对潜在风险的及时预警等多个方面。通过科学的过程管理，创投外脑能够确保企业在复杂多变的经营环境中保持清晰的头脑和稳健的步伐，避免盲目试错和无效努力。

成功的创业故事都证明了开放系统与外脑支持的重要性。比如，某家初创科技公司在研发初期便积极寻求与顶尖科研机构的合作。这家国内知名的锂电池隔膜研发企业通过共享资源和联合攻关，大大缩短了产品研发周期并提高了产品竞争力。又如，某家互联网企业在市场扩张阶段，借助创投外脑的专业指导，认识到在消费升级的大趋势中，还有消费降级的小周期机会，抓住基本消费的基本盘，在产业周期的波动中，成功规避了多个市场陷阱并实现了快速增长。

这些案例无不说明，只有那些敢于开放、善于合作并注重过程管理的企业，才能在激烈的市场竞争中脱颖而出。

对于今天的创业者而言,"开放系统"已不再是可选项而是必选项。在追求成功的道路上,创业企业必须摒弃"敝帚自珍"的狭隘心态,积极拥抱变化与合作。同时,借助创投外脑这一"实时导航仪"的力量,不断优化内部管理、精准把握市场脉搏并有效应对各种挑战。只有这样,才能在瞬息万变的商业世界中稳健前行,最终实现企业的可持续发展与长远成功。

2. 非资本因素主导创业行为

笔者参加过很多次创业团队融资成功之后的庆功宴,资金确实是创业者的底气,可以让他们在短时间之内变得"豪气"起来。而作为外脑,这时候就会很清醒地表明投后服务团队的态度:资本在整个创业体系中不是最重要的资源,在当下的创业环境中,非资本因素更加主导着创业行为。

针对创业团队暂时成功后的过度自信问题,我们和企业进行了一次关于产业顶峰难题的研讨会,与会者有创业团队、投资人团队和服务机构的海内外专家。我们列出了行业的七项关键业务和产业链情况,创业团队在找差距的过程中,真正认识到了企业还处于初创阶段,想要和主流企业去竞争,还有很长的路要走。这种认知的改变,其实就是过程管理的一部分。

资本是价值创造和价值再造过程中一种有效的资源,但是资本不能够代替企业家进行创造。无论资本多么强大,其实都注定是一个辅助物种。

作为外脑,投后管理团队允许经营团队犯战术上的错误,甚至鼓励经营团队大胆进攻,并且自己也是一个助攻的角色。这样,在具体事务的处理上，使得投后团队始终是一个"辅助物种"的角色。创业的本质就是让成熟的企业团队远离舒适区，而投后团队需要成为一个跨区域或者跨界的向导。大量资源开进特定区域时，投后团队对于新区域的安全性需要做出事先的评估。

在媒体上，创业者能够被分享的经验其实就是如何去获得私募资本的青睐。事实上，无论能不能够获得投资，一家优秀的企业总能够保持一个很好的发展状态。资本不是战略元素，而是资源要素。引资不是战略，战略一定是企业自己构建的。

智和岛在服务创投企业的过程中，首先，就是让创业者忘掉融资，以一个独立企业的姿态来寻求企业的发展元素，这是最近几年对于创业企业的一种基础要求；其次，我们要求企业务实地追求利润，保持坚定的价值观，企业需要有超越利润的目的，这很重要，这是企业规模化、做大做强的基础；最后，我们会和企业之间建立基于真实的沟通环境，即投资人、创业者和外脑在沟通过程中，不要隐瞒真实想法，鼓励建设性的冲突，鼓励自我批评，保持经营和管理的清醒。我们限制资本的强势，资本是子系统中最重要的资源要素，不应该成为一个具体企业的指挥棒。这种价值观能够让投前管理和投后管理都能够和项目团队形成一个认知关系。

在当下，单独的企业不是完整的价值创造体；企业自身需要一种确定的生存方式。这样的思考当然是带有哲学意味的。企业能够生存多久，决定了企业家用何种模式来实现企业长久生存。

外脑的价值，在于统一团队，和创始人团队进行深入细致的沟通，找到企业的魂魄。同样是几个人开始创业，有些团队做成了大事业，另外的小团队只是成了养活自己的小实体。外脑知道真正对于组织的改造就是再次引入企业家精神。对于创业企业来说，创业公司的创始人其实就是公司发展的上限，投后管理和外脑服务的对象，一定是具备企业家精神的创始人，否则，可能所有的辅助行动都会面临失败的局面。

有人说："创业就是一场贝叶斯推理，是一种不断试错最终靠近正确目标的行为。"探索性是创业企业的根本特质。从投后管理和外脑的视角来看，企业的生存性和探索性是同等重要的事情，我们鼓励开放性探索，鼓励一个好的行动能够带来更好的想法和更多的行动，直到找到规模足够大的产品和服务应用场景，才会去做重复和标准化的事情。

在商业世界中，技术与发明是推动时代进步的要素，引领着产业变革与升级。然而，在这光芒背后，隐藏着一系列更为深邃且宝贵的力量——意志、勇气、责任与担当，这些无形的精神支柱，构成了商业文明中最为坚固的基石，其价值远超物质财富之上。

我们看到很多的失败案例，那就是创始人在具体事务的消磨中灰心了，这是创业企业的大忌。如果一个创业团队的领军者意志软弱了，那么无论多少资本和外脑专家都是挽救不了的。创业本来就是一种勇士行为，技术与市场策略固然重要，但真正能够决定企业能否穿越风雨、屹立不倒的，往往是创业者及其团队内心深处的那份坚韧不拔的意志。面对未知的挑战与不可预见的困难，是意志让创业者们能够坚持不懈，勇于探索，即使前路漫漫，也始终怀揣希望，不断前行。这种不屈不挠的精神，如同灯塔一般，指引着企业穿越迷雾，找到属于自己的航道。

对于外脑而言，很多专家都知道愿力和心力的重要性。专家往往成不了企业家，但是钦佩企业家，景仰企业家，知道企业家精神才是真正的财富之源。因此，外脑在企业家面前，是智识辅助者和真相提供者。

外脑不是直接的冒险者，但是是一个受委托人，需要尽责完成使命。决策的后果是创业者承担的，谁承担后果，谁就是企业的主导者。创业者的冒险精神需要得到支持和理解，创业者能够在关键时刻做出正确选择，即使面临失败的可能，也决不退缩。何为正确决策，这样的难题是抛给外脑和顾问系统的，如何担起这样的责任，需要职业内功。

创业者和团队责任与担当，则是企业长远发展的基石。外脑的工作也建立在这块基石之上。

大企业或者世界级企业是对社会负责的，一个成功的企业，不仅追求经济效益的最大化，更需承担起对社会、对员工、对消费者的责任。这种责任感促使企业家在追求商业成功的同时，不忘回馈社会，关注员工福利，保障消费者权益。

正是这份责任与担当，构建了企业良好的社会形象，赢得了公众的信任与支持，为企业可持续发展奠定了坚实的基础。

3. 如何借助外脑实现企业快速发展

在一片海岛之上，要形成植物生态，总是一层一层的植被按照次序生长，否则少数大树也会被海风吹倒。比如，一种小灌木能够为大树的生长提供一个防风的环境。但是大树的生态一旦建立起来，这些小灌木也就不那么重要了。我们觉得外脑在创投过程中的价值也是如此，即为创业团队提供一种战略掩护的价值。我觉得辅助物种理论应该成为整个创投界的指导理论之一。外脑的功能在一节也就讲清楚了。

帮助企业进行资源盘点，企业认清自己是发展的前提，外脑在和创业团队合作的过程中，需要进行一些内外综合资源的系统盘点，旨在确保企业资源得到准确记录和评估，从而优化资源配置，提高管理效率。找经营真相，找市场的真实，这都是基础工作，经营团队往往做得并不细致，原因是团队在运营过程中，总是琐事缠身，无法对自身资源情况做深刻的理解式的清点。

外脑团队和创投团队如何黏合，这是个真问题。外脑能够渗入企业，实现和管理团队的合一，需要有一系列导入工程。对创投企业进行连续的资源盘点，这就是外脑实施影响力的方式。在当今的商业环境中，企业要想保持竞争力并抓住稍纵即逝的市场机遇，就必须拥有一套清晰、全面的战略管理体系，而这一体系的核心，便是对企业资源的深刻洞察与高效配置。企业资源，不仅限于财务资本、生产设备等硬性资源，更包括企业文化、人才团队、品牌影响力等软性资源。将这些看似无形的软性资源与有形的硬性资源并置于同一张桌面上进行综合考量，是企业进行精准战略定位和基于能力进行机会洞察的关键所在。

顾问和外脑要和企业的经营管理团队一样深度理解企业的一草一木，可以从资源盘点开始。资源盘点，作为战略管理的基石，其重要性不言而喻。它不仅是对企业现有资产的简单罗列，更是对企业内在潜力与外在机遇的深入挖掘与整合。通过系统、全面的资源盘点，企业能够清晰地认识到自身的优势与劣势，明确在市场竞争中的定位，进而制定出符合自身实际、具有前瞻性的发展战略。

尤为重要的是，人力资源的盘点在这一过程中占据着举足轻重的地位。人才是企业最宝贵的财富，是企业创新力、执行力和竞争力的源泉。因此，对人力资源的细致盘点，不仅要关注员工的数量、结构等显性指标，更要深入挖掘员工的技能水平、潜能、价值观等隐性因素。这有助于企业构建更加合理的人才梯队，优化人才配置，激发团队活力，为企业的长远发展提供不竭的动力。

当企业决定引入外脑进行管理咨询或战略规划时，资源盘点便成为双方合作的共同起点和基础工程。外脑凭借其专业的视角、丰富的经验和广泛的信息网络，能够为企业运营团队提供一张详尽的资源与潜在资源全图。这张图不仅涵盖了企业现有的各类资源，还揭示了那些未被充分利用或尚未被发掘的潜在资源，为企业战略决策提供了坚实的数据支持和洞察力。

外脑的责任远不止于此。他们还需要运用自身的专业知识和实践经验，帮助企业运营团队理解资源的内在逻辑和相互关联，指导企业如何更有效地整合和利用这些资源，以应对市场的挑战和把握发展的机遇。同时，外脑还应具备前瞻性的思维，能够预见未来趋势，引导企业提前布局，抢占市场先机。

其实，从国内一些卓有成效的管理案例得知，资源盘点与战略决策其实是紧密关联的。一边盘点，一边洞察机会，找到下一步发展踏脚石。那些令人钦佩的战略管理水平和精准的战略决策，其实就来自对于自身能力圈的深刻认知。

企业的战略决策，归根结底是基于对自身资源和能力的深刻认识与评估。资源盘点为战略决策提供了坚实的基础和依据。通过资源盘点，企业能够明确自身的战略定位和发展方向，制定出符合自身实际、具有可操作性的战略方案。这些战略方案将围绕企业的核心资源和能力展开，旨在最大化地发挥企业的优势，弥补或规避劣势，以实现企业的长远发展目标。

对于投资者而言，资源盘点同样具有重要意义。它不仅能够帮助投资者更准确地评估企业的实际运营状况和潜在价值，还能够为投资者提供决策支持，指导其在投后管理中如何更有效地参与企业的战略规划和资源配置。因此，资源盘点不仅是企业内部管理的重要工具，也是投资者进行投资决策和投后管理的重要依据。

至于外脑如何对创业企业进行资源盘点，有兴趣的读者可以阅读专业书籍和咨询公司的实务读物。但总体来说，注意几个原则，在盘点过程中要确保数据的准确性和完整性，避免漏盘、错盘等情况的发生，确保发现真相；在盘点过程中要遵循相关法律法规的规定，确保盘点的合法性和规范性；明确资源盘点的具体目标，如了解资源现状、确保资源安全、优化资源配置、为决策提供依据等；确定哪些部门、哪些类型的资源需要纳入盘点范围，包括固定资产、流动资产、库存商品、人力资源等；精细的资源盘点涉及企业若干秘密，需要做好相关工作；资源盘点是一个持续的过程，企业应定期进行盘点并根据盘点结果不断改进管理方法和流程，通过对比，发现企业的演进情况。

盘点团队最好由企业创始人和外脑团队领导者牵头，制订盘点计划，组建专门的资源盘点小组，成员应包括财务部门、资产管理部门、人力资源部门等相关人员，必要时可邀请外部专家参与。对盘点小组成员进行明确分工，确保每个人了解自己的职责和任务。

外脑如何协助企业实现快速发展，创业企业想要快速发展，就需要将手头有限的资源和能力聚焦于擅长的具体应用场景中，这种极致化的发展模式，需要企业对于自身的能力和资源有精准的把握。这就是所谓的能力圈。企业需要在自己的能力圈发挥最大的经营效能，外脑协助运营团队发挥这样的效能，做正确的事情，其实就是效能最高的发展方式。

资源盘点是华为公司管理的秘密武器，现在正在很多企业中作为一种战略管理工具在使用，这是企业战略管理和基于能力进行机会洞察的基石。通过全面、深入的资源盘点，企业能够清晰地认识到自身的资源和能力状况，为战略决策提供有力支持。同时，外脑的介入和专业指导更是为企业的发展注入了新的活力和动力。在未来的商业竞争中，只有那些能够精准把握自身资源、灵活应对市场变化的企业，才能在激烈的市场竞争中立于不败之地。

4. 移植精细过程控制能力

在一个组织中行之有效的组织管理体系，另外一个组织也可以进行借鉴和移植。就是顾问公司存在的基础。事实上，组织管理是可以进行学习的。管理是一个公司的骨架，这是需要企业的管理团队和外脑一起完成的事情。在本质上，外脑是公司的镜像和媒介，能够对企业进行系统的照镜子。企业内部领导者可以推行一套完整的管理系统，但是在协商的过程当中，企业领导者的权威性阻挡了所有人的参与性，这是需要做辩证思考的和反复衡量的。

中国传统哲学将事物发展的结构分成"道、法、术"三个层面。在本节中，我们讨论外脑如何将"法"带入创业团队。无数企业有很多的资源，但是错配了资源，人、事、物不能形成一个完整的主体。"法"的价值就在于此，很多企业之所以发展不起来，问题主要出在管理系统和组织能力上。

如果让一家创业企业发展得更好，投资者和外脑是左右手，在理论上，外脑不能替代创业团队去干活，但是在实操的情况下，外脑有机会和工作团队的成员一起去做具体的事情的。当然他的目的不是去做事，而是在做事的过程中提供一种做事的标准，以及做事的流程。

创业公司经常跟咨询公司合作，将一套经过探讨的管理方案贯彻到经营中，在我们的工作中，需要看清一个事实，外脑不仅是出主意的人，更是管理系统的贯彻者。在咨询公司，也有这样的导入过程，外脑有必要和创业团队一起前进，让成熟的管理系统在企业中得到自如的应用。创业团队能够迭代管理系统，优化管理系统。这个时候我们才能说，外脑在投后管理的过程中产生了价值。

外脑是创业团队非资本资源的提供者。资本资源和非资本资源，其实是一对配称体系。在工作实践中，有些服务是创业公司委托我们去做投后管理，有些服务则是投资机构委托我们去做投后管理，这样的服务能不能做，需要进行精细的评估。评估企业家精神和毅力，包括奋发图强、永不言败的精神，这些精神能够激励创业者在面对困难和挑战时保持坚韧不拔的斗志。创业者需要具备持久的毅力和耐心，能够在创业过程中不断克服各种困难和挫折，坚持到底并取得成功。

愿力和心力这种东西，比知识更加重要，这些非资本要素，体现了一个人的斗志。对于创业者，包括强烈的创业意识、自信心、竞争意识和责任意识等，这些心理素质是创业者面对挑战和困难时的精神支柱。辅助的知识素质和能力素质，需要有包容性。这些软性能力，包括创业者需要具备扎实的专业知识、广泛的人文社会知识和必要的科学技术知识，以及管理知识，以支持其创业实践。在能力领域，如专业技术能力、社会交往能力、决策能力和经营管理能力等，直接影响创业企业的运营效率和竞争力。

有愿力和心力的人，可以成为专家和学者，要想成为企业家，还需要拥有管理能力和组织能力。对于外脑服务来说，创业者是需要经过挑选的，没有人愿意在一个不具备初始条件的创业者身上浪费时间。

除了这些，还有另外三种能力，需要进入外脑的考察范畴，即管理与组织能力、市场营销能力和技术创新能力。这些都是企业经营层面上的能力系统，需要形成一个有机的整体。

创业者需要具备良好的管理能力，包括战略规划、人员配置、资源配置和风险管理等方面。有效的管理能够提升企业的运营效率和市场竞争力。创业者也需要能够组建一支高效、协作的团队,并通过合理的组织结构和工作流程来保障团队的顺畅运作。

外脑在创业企业中如何发挥作用?实际上真正的管理系统的导入,是企业自有的管理系统和外脑进行充分研究协商构成的管理系统进行合一的过程。一支不擅长进行企业管理的团队,外脑也很难将系统的投后管理转化为企业的管理系统,这是两个巴掌拍得响的问题。

市场营销是一种行动力,创业者是靠行动来证明自己的。创业者需要具备敏锐的市场洞察力,能够准确判断市场需求和趋势,为企业的产品和服务定位提供依据。营销能力的要素很多,包括品牌建设、渠道拓展、促销推广等方面,有效的营销策略能够提升企业的知名度和市场份额。众所周知,营销是创业企业的运作基础,所有企业资源都要被整合起来。创业者需要能够整合各种资源,包括人力资源、资金资源、技术资源和信息资源等,以支持企业的快速发展。好营销的结果最终体现在一种关系网络中,良好的社会关系网络能够为创业者提供更多的信息和资源支持,有助于降低创业风险和成本。

技术工程领域的外脑是创投企业的标配。企业绝对不能靠自己的工程师解决一切技术工程问题,而要采取悬赏机制,在全世界开放的系统中找到工程技术合作伙伴,这是典型的技术外脑和开放式研发所秉持的工作方式。

不断的技术创新是企业保持竞争力的源泉。创业者需要具备敏锐的市场洞察力和技术预见性,不断推动产品和服务的创新升级。对于科技型创业企业而言,技术专利和转化能力是持续成长的关键。拥有自主知识产权和强大的技术转化能力,能够为企业带来竞争优势。

对创业企业进行过程控制,这是一系列管理工具综合使用的结果。影响创业成果的非资本因素涉及创业者个人素质与能力、技术与创新能力、管理与组织能力、市场与营销能力、社会关系与资源整合能力以及创业精神与毅力等多个方面，这些因素相互作用、共同影响创业企业的成长和发展。这些因素应该统合起来，形成一个完整的可视化的管理系统，创业者和团队全方位知晓企业的实时运营状况，这是对企业进行运营掌控的主要工作方式。

5. 不犯错和少犯错就是捷径

对创业者来说，亏钱就是在犯错误，让企业丧失现金流，就是在犯错误。不做亏本生意是创业者的铁律，创业者必须时刻记住投资安全问题。外脑往往是受投资者委托，进入创业企业进行投后管理的。投后管理其实没有什么捷径，让创业团队坚守本分和自己的能力边界，不犯错或者少犯错，其实外脑的价值就体现出来了。

众所周知，创业失误和决策失误带来的损失是巨大的，这就要求创业者有强烈的保本概念，对于外界不懂的项目出手需要慎重。但不犯错其实是做不到的。创业团队要尽量减少决策损失，对很多似乎看懂但是没有理解的项目，需要借助外脑的力量研究清楚。外脑真正的价值在于带领团队研究问题的同时，防止企业犯下原则性错误。

从外脑的视角来看，凡是犯了原则性错误的创业企业已经没有翻身可能了，谁也不会将更多的资源堆在有重大缺陷的企业里。外脑能够发挥作用的对象，只是遇到了暂时困难的企业。外脑对于投后管理的能力边界需要有清晰的认识，立即止损是一种明智的态度。

乔布斯说："如果没有真正长期去做过一件事，没有在一次又一次的失败中站起来，你看问题也只会浮在表面，认知到不了三维层面。"人只要在做事，就会犯错误，问题在于，外脑的存在能够将做事变成一个快速学习的过程。创业团队需要在外脑的辅助下，快速将不理解的事情变成理解的事情，这就是一种快速寻找答案的方式。

不犯错或者少犯错，在经营层面上属于"术"的范畴。其实，企业团队大了协作点多了，每天都会犯错，外脑真正的价值，就是能够建立一个纠错系统，通过数字智能化系统，一旦发现企业做错了，要能够立即改正。这就是一种纠错回路的建设。

创业团队如何快速行动，并且很少犯错，这里就涉及知识管理的问题。外脑和企业创业团队融合，共同构建一个学习型的组织，形成一系列的正面和负面清单。出色的知识管理清单可以越过一种"靠灵性慢慢悟"的员工成长方式，达到高效管理和协同的目的。坚持做正确的事情，争取一次性将事情做对，如果中间出现误差，可以用最快的方式完成补救，这就是有错就改的管理氛围的营造。

外脑协助创业企业建立高效执行系统是一个硬性任务，这就是"道法术合一"的系统。高效执行系统之所以如此重要，原因在于充分考虑眼前的现金流并平衡未来的现金流，让企业在市场中获得一个好的估值，不会因为犯错误让机会成本升高。

外脑在介入创业企业管理时，有些企业已经犯了错误。作为投后服务机构，在和创投企业进行合作时，其中大部分客户都是处于这样的煎熬阶段。正如前文所说，对于外脑团队而言，只会介入那些已经做了正确事情，但在战术层面犯了错误的企业。这时，无论是帮助企业实现现金流还是再融资，都需要坚持下去。投资者要坚持做价值投资，企业的利润来得越有价值越稳健，在资本市场获得青睐的机会就越大。

外脑在防止团队犯错上，是个相对的包容者。理论上，避免错误可以节省资源、时间和成本，使创业企业更快地走向成功。然而，创业本身就是一个充满不确定性和风险的过程，很多时候，错误和失败是学习和成长的重要部分。因此，完全避免错误在现实中几乎是不可能的。

执行层面的试错是一种宝贵的学习机制。通过尝试、失败、反思和调整，创业者能够更深入地理解市场、用户需求和商业模式。这种经验积累对于企业的长期发展至关重要。如果一味追求不犯错，可能会错失许多宝贵的学习机会。有时候，一个看似错误的决策可能意外地开辟了新的市场或机会。因此，创业者需要具备敏锐的洞察力和判断力，在风险中寻找机遇，而不是一味地避免错误。创业企业需要具备快速迭代和适应的能力。这意味着在发现错误或不足时，能够迅速调整策略、优化产品或服务。这种灵活性是创业成功的关键之一。如果过于追求不犯错，可能会导致企业陷入僵化，无法及时应对市场变化。

对于创业企业来说，少犯错、犯小错虽然是一个值得追求的目标，但更重要的是要学会从错误中学习和成长。创业者应该保持开放的心态、敏锐的洞察力、灵活的适应能力和勇于尝试的精神，以应对创业过程中的各种挑战和机遇。

最后，还是记住查理·芒格一句的忠告："我们长期努力保持不做傻事，所以我们的收获比那些努力做聪明事的人要多得多。"

6. 与外脑合作的注意事项

知名企业家宋卫平说:"产品即人品,生命多精彩,产品多精彩,走正道的人和企业,才能做出正品。"外脑在和创业企业合作的过程中,对外脑自身的品质提出了高要求。关键一点,外脑团队要站得正、行得远。

对外脑的选择是一件严肃的事情。外脑可以绕过弯子,辅助企业在复杂棘手的环境中做出明智的决策。外脑需要对客户所处的行业有深入了解,包括市场趋势、竞争格局、政策环境等。长期积累的专业经验使得外脑能够提供经过验证的解决方案,并且能够有效应对挑战。

结合智和岛的服务流程,我们将人品和能力要素做一个排序,让一些企业在选择外脑的时候有章可循。

第一条,外脑必须守住服务伦理和自己的独立性。作为服务乙方,外脑有时会迫于委托人强势,不敢说真话,或者在报告中讲究讲话策略,等等,这些行为事实上是在迁就和误导企业。因此,外脑要讲真话,保持独立的判断力,不受企业内部或外部压力的干扰,为企业提供真正有价值的意见和建议。外脑必须遵守职业道德,确保对企业的建议是基于客观和公正的分析,而不是受到外部利益的影响。智和岛在服务过程中,总是丑话在前,做企业的诤友,不会附和不合时宜的方案。

第二条,推动企业实现数据驱动与分析能力。这是一种能力,也是一种经营思想的体现。智和岛认为,不管什么样的经营,都要给企业建立一个可以指导经营的数字模型。这个数字模型可以很简单,可能只有100个不同经营数据在不断更新，一天更新一遍。同时，可以进行定量和定性分析，预测未来趋势，并进行前景规划。这种能力能够帮助企业提前准备应对未来变化。企业具备从多种来源收集、整理并分析数据的能力，以支持基于数据的决策。外脑应利用大数据、AI等技术来分析，向企业提供建议。这是企业建立独立决策能力的数据基础。

第三条，合格的外脑具备系统化思维与问题解决能力。先做系统化分析，再做结构性分析，并且具备得到新方案和解决路径的能力。系统化分析能够从全局出发，了解企业的战略定位、运营模式、市场环境等多维度的关系，提出综合性解决方案。结构化分析具备将复杂问题分解为可管理的部分并逐步解决的能力，帮助企业清晰地了解问题的核心，并找到高效的解决路径。

第四条，外脑具备战略规划与实施能力。战略规划和实施能力是基于数据和系统分析后外脑和经营团队得到的共识。外脑能够协助企业制定长远发展战略，确定市场定位、竞争策略、业务拓展方向等关键决策。智和岛在这个环节会和企业经营团队反复推演，自己打自己，一直打不倒才算过关。然后就是辅助团队进行执行落地。外脑不仅能制定战略，还要帮助企业将战略转化为具体的行动计划，并监控执行效果，进行必要的调整。

第五条，外脑进入团队，进行沟通和协作，推行新的战略战术规划。企业推行新法，需要进行充分沟通。外脑应具备出色的沟通能力，能够在企业内部不同部门之间建立协作关系，确保信息流通顺畅。认真思考反对意见，并进行沟通，对于战略盲点进行再次修正。推进新战略规划的过程中，在涉及多个利益相关方的情况下，外脑需要平衡各方需求，促进合作、达成共识。

第六条，外脑需要具备创新与变革管理能力，外脑需要具备快速适应不同企业文化、业务需求及市场变化的能力，提供定制化解决方案。随着市场环境、技术发展等外部因素的变化，外脑需要不断更新知识储备和技能，以保持其建议的前瞻性和有效性。外脑应能为企业带来新的思维方式和创新理念，帮助企业在竞争中脱颖而出。帮助企业有效实施变革，包括文化转型、组织结构调整、流程优化等，确保变革顺利落地并产生预期效果。

外脑进入创投企业进行投后管理服务和再融资服务，每一步带着企业走，都需要合规和规范。在企业的内控管理领域，及早带领企业实现流程正规化。仅仅带来概念的外脑其实没有什么价值，真正的外脑会带来全套的管理模型和基础工具，能够按照企业的需求，从企业使命、愿景和价值观入手，对企业的组织系统、管理系统和运营系统进行一次全面梳理，找到管理过程中的问题，选择合宜的管理工具，构建合适的企业员工的利益关系。这是要做的基础工作。

作为专业的战略咨询机构，智和岛的操作模式就是从企业的资源盘点入手，进行多层次的沟通，逐步了解企业的行为。没有调查就没有发言权。服务外脑在和企业合作的过程中，不仅进行内部战略管理和经营系统的梳理，也会跟随运营人员，一起走一线，进行业务领域的细节调研，这其实就是一种价值的指引。在当下，客户是能够决定企业前程的，我们不仅关心企业的运营，也关注终端客户的真实需求，这样的行为，可以让服务不走样。

对于外脑，有几项工作是值得注意的。在创投企业处于企业基因的形成阶段，需要在企业内建设一种求真务实的经营文化，让行为正直的人能够在企业内获得成长的空间。人品是企业的护城河，促进组织的信任是第一要务。好好利用创业阶段所形成的拼杀精神和奋斗热情，设计好这样的组织结构，可以带出更具战斗力的团队。

对于投资机构和创业者而言，什么时候需要外脑进行介入呢？按照中医的说法，应该在未病之时就介入投后管理。投资机构和创业者之间可能已经出现了沟通不畅的苗头，彼此的不信任因素在增长，这时就需要外脑介入。作为一个共识收集者，外脑比投资者和创业者具备更多的中间协同者的角色，能够进行复杂关系的协同管理。

根据我们的经验，外脑需要做创投系统的最大公约数，特别是在资源整合和多边关系管理上，需要发挥作用。其实，投资者是一个资源网络，绝不仅仅投资一家企业。像智和岛这样的专业服务机构，也是一家拥有数百家协作网络的服务企业，这些资源网络需要整合梳理，为陷入困境的被投企业提供帮助。外脑可以帮助企业整合各种资源，包括资金、人才、技术、市场等，实现资源的优化配置和协同效应。通过与各类战略合作伙伴的合作，外脑为被投企业提供全方位的支持，帮助企业提升竞争力，实现快速发展。

很多一流企业在连续融资领域进展不顺，这是市场的现实。连续融资计划执行始终是一个难题，这是智和岛这些企业外脑能够发挥价值的地方。我们和众多的私募股权基金建立了合作关系，很多都是私募基金主动和外脑建立的关系，原因当然很好解释，正是不亚于经营者本身对于创业企业的深度了解。私募机构认为："谁功课做得深，谁就是当事人。"外脑利用自身的专业优势和资源网络，为被投企业提供资本加速服务，帮助企业对接战略资本，实现融资目标。同时，外脑还为企业提供上市辅导和资本运作咨询服务，帮助企业实现上市目标，提升企业价值。

在市场中流行着一句话："一流的企业根本不要去担心市场的问题，只会担心自己的能力问题。"对于外脑而言，我觉得最重要的构建就是和创投企业一起进行企业能力的建设。我们总是在谈论价值投资，事实上，按照逻辑推论，价值投资的本质就是在为企业的能力买单。因此，智和岛和创新与成长型企业做上市陪跑服务，以咨询为入口、上市为出口、资本与资源为两翼，以企业能力构建为核心，实现企业估值和市值的跃升。当估值建立在实实在在的能力基础之上，上市前的准备、上市过程中的辅导以及上市后的市值管理等各个阶段，全程支持和指导都很会变得很顺利。

当然，外脑向创投企业和私募基金提供投后服务和战略咨询服务，有很多的注意点。这些智和岛积累下来的服务经验，也能够为中国创投投后管理领域提供一些借鉴。

服务业最终的共识，就是提前经过协商，进行期望值管理，这是全球咨询公司和高端服务业的基本服务条款。对于合作双方和多方，各自能够提供什么样实际价值和边际价值，需要能够形成共识性文本。服务业的承诺是有边界的。这种个性化和非标准的服务体系，需要管理的是期望和能够实现的目标承诺。在合作开始前，企业应与外脑清晰定义合作的目标。无论是业务流程优化、战略规划，还是市场拓展，双方应达成共识，避免目标模糊带来的效果不佳。除了目标，还应定义具体的可衡量成果，以便在项目结束时能够评估外脑的工作效果。这些成果可以包括KPI、业务改进指标或阶段性成果报告等。创投服务领域也可以经过商讨，共同约定目标系统。

期望值管理的背后，其实是一系列授权。企业内部的各个部门需要配合外脑的工作，确保相关部门的领导和员工了解项目的重要性，并为外脑提供所需的数据、信息和支持，避免因内部不协调导致的项目延误或失败。

外脑和投资者、创业者团队需要定期沟通，这是确保项目顺利推进的关键。企业应与外脑建立透明且频繁的沟通渠道，定期检查进展，及时解决可能出现的问题。

在合作中，企业和外脑的角色应当明确。企业通常提供行业洞察、内部资源和实际需求，而外脑则提供专业知识、方法论和解决方案。明确职责有助于避免责任模糊。尽管外脑可以提供专业建议，最终的决策权仍应掌握在企业手中。企业需确保对建议进行独立分析和评估，以避免过度依赖外脑意见而忽视自身的实际情况。

企业对于外脑的人品和职业操守要求是很高的。在合作初期，签订严格的保密协议（NDA）是非常必要的。确保外脑在接触企业敏感信息时有责任保证其机密性，防止信息泄露。外脑可能需要访问企业的业务数据和内部信息，企业应确保数据的安全性，制定相应的访问权限和数据管理措施，以防止数据被滥用或丢失，对于一些服务需要同业规避，这也是可以理解的事情。

在合作过程中，定期对项目进展进行评估是必要的。这可以确保项目按照预期方向发展，及时发现并纠正偏差。如果合作顺利，企业可以考虑与外脑建立长期合作关系。这不仅有助于项目的延续性，也能使外脑更深入地理解企业文化和需求，从而提供更具针对性的服务。当然，长期合作中，企业需要注意管理外脑的影响力，防止其对企业内部决策产生过度影响。保持外脑作为辅助角色的定位，而不是让其取代企业的核心决策者。还是那句话，外脑不对最终的经营结果负责。

使用外脑是有高成本的，华为在管理咨询领域花费的金额超过300亿元。除了直接费用，还应关注潜在的隐性成本，如员工配合外脑所需的时间投入、项目可能产生的内部冲突等。做好全面的成本评估，防止超出预算。

总之，创投企业与外脑合作的成功与否，取决于明确的目标设定、有效的沟通、明确的角色分工、严格的数据管理和持续的评估反馈。通过精心管理这些方面，企业可以最大化地从外脑合作中获益，同时减少潜在的风险和问题。

第四章
投资机构与创业公司的
对立与统一

>>> **投后破局**：投后管理与创业重生之道

1. 资本是创业价值放大器和加速器

笔者有很多协调投资人和创业者矛盾的经历，矛盾起因是多种多样的，从表面上看，有人的个性因素，两个都很自信的人，很难相处，对于企业战略战术的认知分歧，也会带来口角。但在笔者看来，这些都是小矛盾，都是"本位主义视角"带来的问题。其实对于投资者和创业者的对立关系，在退出和分割利益的过程中，才是矛盾的顶点，很多创投关系僵化了，都是在这个环节发生的。

在创投领域，资本类型是多样化的，每种资本类型在创业的不同阶段扮演着不同的角色。作为投后服务机构，需要跟这些多样性的资本打交道，在打交道的过程中，发现每一种资本模式其思维方式是不同的。

早期的风险投资者，比如天使投资人（Angel Investment）和一些家族办公室。天使投资通常来自个人富有的投资者，他们愿意在企业早期阶段投入资金。天使投资者往往对创业项目有很强的兴趣，并愿意承担高风险，以换取未来可能的高回报。一些家族办公室也会进行天使投资。与个人投资者相比，家族办公室通常具有更丰富的资源，并可能提供更长期的支持。

天使投资阶段的投资人和创业者之间矛盾相对较少，原因在于天使轮投入的资金较少，资本的思维方式其实就是用少量资本"包装"一下项目团队，对于团队的基础运营做一个梳理。比如：企业股权架构重构；创始人要走出夫妻店，进行核心团队构建；主要业务要聚焦到有巨大前景的赛道；凭借天使投资的孵化网络，将创业者集中到一起，构成类似EMBA的形式，让创业者相互学习，获得成长。这些天使投资人多数都是社交活跃分子，对于创投企业进行重新定位后，实现十倍甚至几十倍估值进行融资，融资后早期投资者按约定退出，填上其他失败投资造成的窟窿。

天使投资人往往有明确的目的，就是包装项目卖项目，包装企业卖企业股份，这里有明确的溢价套利的需求。天使阶段的一个重要的目标，就是让企业组织架构和产业赛道领域的业务变得清晰，让早期的风险投资机构（Venture Capital, VC）能够看到。在客观上，起到了挑选项目、加速创业进程的作用，算是创业的一道过滤器。

风险投资也分好几个阶段，是一场接力赛。真正出色的创投企业，都是一群创业者和投资机构共同协作完成的，但都是"送君一程，拿钱走人"的角色。早期风险投资机构专注于早期创业公司，帮助企业在产品开发、市场进入和初期运营阶段获得资金支持。早期风投往往在A轮或B轮融资中出现。

其实到了这个阶段，一场大淘汰就开始了。早期路途走得不扎实，留下成长隐患的创业企业，在天使轮向A轮转化过程中就大量死亡了。客观来说，投资这件事，凡是天使和A轮投资者甘心卖掉的，大都需要项目重整。当然了，这也为投后服务机构介入提供了机会。

进入A轮、B轮融资的企业，创业企业必然会遇到一个脱胎换骨的蜕变过程。股权要清晰，企业的组织能力、管理能力与企业未来现金流带来的产业竞争能力、产业地位要进行初步匹配。随着企业规模的扩张，管理流程的改造和业务系统的同步升级，对于创业团队来说，都是极大的挑战。

创投服务机构和投资者一般都是伴随式介入，打牢企业的运营基础和管理基础。在这个时期，企业可能还有一些核心的问题没有解决，一些短板没有补齐，因此，还会有成长期风险投资继续加码投入，可能是原来的投资者继续加持，也可能是引入了新的投资者。成长型风投机构在企业已经有一定市场基础时进入，支持企业进一步扩展规模、提高市场占有率，通常涉及C轮及以后的融资。

在这个时期，资本的作用，主要就是作为企业的加速器。资本能够显著缩短创业企业的成长周期。通过融资，企业可以迅速扩大生产规模，进行技术研发，加速产品上市。这些资金的快速投入使得企业能够比竞争对手更快地响应市场需求，从而占据有利的市场位置。充足的资本为企业提供了更多的战略选择。例如，企业可以通过并购来迅速扩展业务领域，或通过国际化来进入新的市场。这些战略决策通常需要大量的资金支持，而资本的支持能够让企业更灵活地应对市场变化，加快实现企业的长期目标。可以这么比喻，这时候的企业是一个价值硬球，其业务系统被普遍证明，已经被市场看好，但资产泡沫还没有产生，处于一个即将爆发的阶段，很多独角兽企业都处于这个发展阶段。

私募股权（Private Equity, PE）投资通常针对已经成熟或接近成熟的企业，帮助企业进行重组、并购或准备上市。与风险投资不同，私募股权投资往往涉及更大的资金规模和更复杂的财务结构。这时，企业的整个财务系统运作会令人眼花缭乱，如果不是一位财经专业人士，很难看清楚，这又是一场复杂利益的分割博弈过程。

在企业的成熟阶段，资本起到价值放大器的作用。接下来，战略投资（Strategic Investment）者就会参与进来。战略投资通常来自行业中的大公司，这些公司投资创业企业不仅是为了获得财务回报，还为了获得技术、市场或其他战略优势。战略投资者通常希望通过投资实现与创业企业的协同效应。另外，还有企业风险投资（Corporate Venture Capital, CVC）。一些大公司设立了专门的企业风险投资部门，投资新兴企业以获得技术创新和市场前沿的机会,这种投资形式既有战略考量,也有财务收益的目标。战略投资一般投资数额巨大,而且通常会对企业估值进行溢价收购,作为对前期企业创业团队和投资者的回报。当股权再次整理清晰后,新的董事会会推动企业在适合的证券市场上市。

资本能够显著增强创业企业获取资源的能力。创业公司通常处于资源匮乏的状态,而资本的注入可以帮助企业购买所需的设备、技术、原材料,甚至吸引高素质的人才。这种资源的增量直接放大了企业的运营能力和市场竞争力。

资本的投入也使得企业能够在更广泛的市场上进行推广和销售。例如,通过市场营销、广告投放等手段,企业可以快速扩大品牌知名度和市场占有率,从而在更短的时间内赢得更多的客户群体。资本在这个过程中充当了放大器的角色,加速了品牌的市场渗透。

当一家优质企业计划IPO时,投资者往往对其未来发展前景持乐观态度,认为企业将在公开市场上实现更高的增长和盈利。因此,他们愿意支付高于发行价的价格购买该企业的股份,从而使股份在IPO定价时或刚上市时实现溢价。优质企业通常具有较强的增长潜力,这种潜力可以表现在市场占有率的扩大、技术创新的领先、盈利能力的提升等方面。投资者对企业未来的高增长预期会直接影响IPO中的股份溢价。

当公募资本进入企业,也就意味着以投资者和大众理财者的利益为中心,这家企业成为大众理财的稳定标的,是社会的理财机器和存钱罐,按照价值投资和证券市场的一般逻辑,上市是一次企业价值充分释放的过程,对于股票投资者提供合理稳定的回报。靠财务拼贴组合形成的上市企业,在上市后并不具备领先的市场地位和定价权,这也是目前一些证券市场出现公众投资者大面积亏损的原因。

2. 投资者与创业者的利益冲突

在前文中，我们已经介绍了创投企业和资本从创业到上市的过程。如果我们要挖掘企业发展规律，那就是无论创业企业处于哪一个阶段，企业必须处于价值扩张和利润扩张的通道中。理论上，每一次投资和股权再转让的过程，都是基于该股权和股票是潜力股的基础假设。

投资者的噩梦，其实就是在这人性优点和弱点混杂的企业丛林中，找到真正的优质企业。这是一件困难的事情。人在组织活动中，因为个人利益或者群体利益，掩盖事实真相的行为是普遍的，而呈现在投资者和创业者面前的现实，都带有迷惑性。如果说投资者和创业者容易发生利益冲突，这也是一种寻常的事情。有人的地方就有江湖，有人的地方就有利益冲突，关键是如何建设性地管理冲突。

创业者掌握着公司运营的全部信息，但可能不会将所有信息都与投资者分享。这种信息不对称可能导致投资者对企业的实际情况缺乏了解，从而产生误解和不信任，进一步加剧双方的利益冲突。信息不透明导致沟通质量变差，甚至导致对于项目进展处于失控状态。

在创业与投资的交会点，双方对于企业发展的期待与侧重往往呈现出鲜明的对比，这种差异深刻地影响着企业的战略走向与日常运营。投资者，作为资本的提供者，其核心诉求在于实现财务回报的最大化，他们倾向于寻求那些能够快速盈利、具有明确短期增长路径的企业。在这样的逻辑下，投资者倾向于推动企业采取更为保守、稳健的策略，确保每一笔投资都能在短时间内见到实效，无论是通过产品快速迭代占领市场，还是通过成本控制提升利润率。

相比之下，创业者则承载着更为复杂而深远的愿景。他们不仅是企业的创立者，更是对企业的使命、核心价值观以及长期发展目标怀有深厚的情感与责任的实践者。创业者往往愿意为了企业的长远发展而做出牺牲，即便这意味着在短期内可能面临利润减少甚至亏损的局面。他们更看重的是技术创新、品牌塑造、市场教育等能够奠定企业未来竞争优势的基础性工作，相信这些投资将在长远为企业带来不可估量的价值。

创业者可能更加注重公司内部的文化建设，希望打造一个符合其价值观的团队和工作环境。而投资者可能更关注效率和业绩，倾向于引入更多的外部人才或改变企业文化以促进增长。这种文化和管理风格的差异也可能导致双方在企业管理上产生分歧。像华为这样的以文化价值观立企的企业干脆就不要外部投资，以保证自己能够实现对价值观和战略发展的掌控。

限定时期的财务回到最大化和企业使命愿景支撑的战略发展之间，有着贯穿始终的矛盾，无论是中国企业还是美国企业，投资者和企业家在这一点上都难以平衡。很多企业的落幕也是因为在资本市场和战略发展之间不小心翻车了。如何平衡短期财务目标与长期愿景追求，成为双方必须共同面对的挑战。

笔者和团队多次协调战略发展和资本需要之间的矛盾。矛盾双方都有道理，资本对于出资人的协议是刚性的，企业战略发展的进程是弹性的，两者只能通过建立开放、透明的沟通机制，让双方能够深入理解彼此的需求与关切，共同探索出一条既能满足投资者财务回报要求，又能支撑创业者长期愿景实现的战略路径。通过合作与妥协，实现双赢的局面，推动企业健康、可持续地发展。

创业者和投资者的第二个矛盾点，还是来自成长速度和长期发展之间的矛盾。投资者，作为资金的注入者，其首要目标是实现资本增值，因此，他们倾向于推动企业采取更为激进的扩张策略。这种策略往往包括迅速抢占市场份额，通过大规模的市场营销活动提升品牌知名度，以及加速新产品的开发与推广。投资者相信，这种快速增长不仅能够迅速提升企业的市场地位，还能吸引更多的投资者关注，从而进一步推高企业的估值，最终实现其投资回报的最大化。就像"指数式增长"和"闪电式创业"这些概念，基本上都是投资人提出来的快速占领市场的策略。投资者通常希望快速决策，以抓住市场机会。而创业者则可能希望在做出重大决策前进行充分的调研和考虑。这种在决策速度上的分歧可能导致两者之间的紧张关系。

创业者则往往持有不同的视角。他们深知需要深厚的根基与稳健的步伐。因此，创业者更倾向于采取稳健的增长模式，注重内部管理的优化、产品质量的提高以及客户关系的维护。他们相信，只有这样，企业才能在激烈的市场竞争中保持持久的竞争力，实现长期可持续发展。

创业者和投资者对于风险的不同理解，可以算是第三个矛盾点。在天使轮阶段，采用的多是"广种薄收"的模式。只要少数项目存活下来，就是风险投资者的胜利。因此，在创业生态系统中，投资者与创业者之间的风险偏好差异构成了合作中不可忽视的一环。投资者，尤其是那些专注于高风险、高回报领域的风险投资者，往往具备较为成熟的风险管理策略和广泛的投资组合。他们通过同时投资于多个项目，利用投资组合的分散效应来降低单一项目失败对整个投资组合的影响，从而展现出较高的风险承受能力。这种策略使得他们能够在面对不确定性时保持相对冷静，更有可能支持那些具有颠覆性但风险也较高的创新项目。

相比之下，创业者则常常将个人的时间、精力乃至整个事业生涯都倾注于一个单一的项目中。这种深度绑定使得他们对项目的成功与否有着更为直接且深刻的感受。因此，尽管创业者同样追求成功与突破，但在决策过程中，他们往往更加谨慎，倾向于规避那些可能危及项目生存的高风险选择。这种谨慎态度源于对失败的深切恐惧，以及对项目成功的深切渴望。

这种风险偏好的差异，在创业初期尤为显著，可能导致双方在业务发展方向、市场策略、资金运用等方面产生分歧与冲突。投资者可能倾向于快速扩张、抢占市场，而创业者则可能更注重稳健发展、确保项目根基稳固。创业者想要企业稳定下来，能够活下来，而不是拿到了资本弹药就冲锋。况且，现在投资领域有很多不平等条款，创业者花完了钱，可能会负无限责任。在要钱还是要命的问题上，创业者总是倾向于要命。投资者可能希望企业将更多的资金投入扩展和增长，而创业者可能更关注企业的现金流健康，确保足够的流动性来应对未来的不确定性。这种在资金使用上的不同立场也可能引发冲突。

在经营出现分歧时，对于企业的控制权的争夺，往往成为第四个矛盾点。在创业初期，当创业者成功吸引外部投资以推动项目或企业快速发展时，一个不可回避的现实便是需在一定程度上分享公司的控制权。这往往体现在决策权的重新分配以及董事会席位的调整上。投资者，作为资金提供者，他们不仅期望获得财务回报，还希望能通过参与关键决策来确保投资的安全与增值。他们可能会要求增加在董事会中的代表席位，以便在战略规划、市场布局、财务决策等核心议题上拥有更多的话语权。

然而，对于创业者而言，这样的安排可能带来挑战与担忧，也会引起猜忌。他们可能害怕在引入外部力量后，企业的运营方向会偏离最初的愿景与策略，甚至担心失去对公司发展方向的最终决定权。因此，如何在保持创业者对企业精神的掌控与引导的同时，又能有效整合投资者的资源与智慧，成为创业过程中必须精心平衡的艺术。

创业者需通过智慧的谈判与结构设计，确保双方利益的最大化，也需要运用投资服务机构来和资本打交道，能够达到一种平衡。

投资者和创业者关于退出时间和退出方式的分歧，是一种深刻的利益分歧，本质上，就像离婚的过程一样，和平分手，找到利益平衡确实是一件不容易的事情。

投资者，尤其是财务投资者，其投资策略往往伴随着明确的退出时间表，他们追求的是在一定期限内通过IPO（首次公开募股）、并购交易等方式实现资本增值并安全退出，以获取可观的投资回报。这种追求短期到中期收益最大化的心态，促使他们积极寻求能够迅速实现资产变现的路径。

相比之下，创业者倾向于在公司达到一定的市场地位、建立起稳固的竞争优势或取得某些关键性成果后，才考虑退出事宜。此外，他们可能对公司的独立性有着深厚的情感依恋，更倾向于选择那些能够尊重并继续传承公司文化与愿景的收购方，而非简单地追求高价出售或上市。

这种在退出方式上的分歧，若不能得到妥善管理和沟通，很容易成为双方合作的绊脚石。为了缓解这一矛盾，投资者与创业者需要在合作初期就明确各自的期望与目标，建立开放、透明的沟通机制，共同探讨并制定既符合投资者回报要求，又能兼顾创业者长远愿景的退出策略。通过灵活调整合作条款、引入阶段性评估与调整机制等方式，双方可以携手促进企业的健康成长，并在合适的时机实现共赢后退出。

总之，投资者与创业者之间的利益冲突主要来自目标、风险承受能力、控制权、退出策略、信息透明度以及企业文化等方面的差异。尽管这些冲突在一定程度上是不可避免的，但通过建立良好的沟通机制、明确双方的期望和权利义务，可以有效减少冲突的发生，并促进双方的合作和共同发展。

3. 投资机构和创业者的各自边界

现在是一个交叉发展的时代，但在做事的过程中，还是需要一种明晰的边界感。对于能力圈的评估要准确，人不能去做自己不理解的事情，不理解就容易做错事，这是顺位思考就能够想到的事情。

在创投领域，尊重创始人这一原则，需要遵守指引着资本与创意和谐共生的航道。这一不成文的规则，不仅体现了对创业者辛勤耕耘与独特洞察力的认可，更是对创业精神与企业生命力的深刻致敬。它强调，在追求商业成功与资本增值的过程中，必须保持对创始人及其核心团队的尊重与信任，因为他们是投入心血的经营者，是企业文化与精神的缔造者。

创业者是企业愿景与使命的守护者。他们对行业趋势的敏锐洞察、对市场需求的精准把握，以及对产品创新的不懈追求，构成了企业独特竞争力的核心。更重要的是，创业者对企业文化的塑造与传播，赋予了企业独特的灵魂与气质，这种精神层面的力量，是任何外在资源难以替代的资源。

因此，在创投合作中，维护创业者和核心团队的主导权显得尤为重要。这不仅意味着在决策过程中给予他们充分的发言权与决策权，更体现在对企业战略方向的共同塑造与坚守上。只有当创业者能够主导并引领企业沿着既定的愿景与使命前行，才能确保企业在复杂多变的市场环境中保持定力，不断突破，最终实现可持续发展。

投资一家企业，想要留住精气神，就要尊重创始人，维护其主导权，这是创投领域一条至关重要的法则。它不仅关乎企业的短期业绩与资本回报，更关乎企业的长远发展与文化传承。东方人讲求一股气，守住了这个边界，也就留住了这股气，在这个问题上，需要深度思考。

这个对于创业者的保护机制，也会在企业管理过程中通过一些条款进行约定，保护创始人的一票否决权。举例来说，在投资者和创业者的关系中，创业者应确保退出条款不会对企业造成过度压力，尤其是在投资者强行推动企业在不合适的时机退出时。创业者可以通过协议条款限制投资者的退出条件，或在退出过程中保留对企业管理和发展的控制权。

创业者拥有完整的执行权，日常运营和管理工作应由创业者和其管理团队全权负责。创业者掌握着企业的内部信息和团队动态，他们最了解企业运营的细节，因此在日常管理中应有充分的自主权。

创业者也拥有完整的决策权，创业者应该对公司的财务管理和预算编制拥有决策权，尤其是在日常支出、薪酬管理、运营成本控制等方面。创业者和管理团队对企业的财务状况最为了解，能做出最适合企业发展的财务决策。

对于以上的两种经营管理和具体场景的处置权，作为投资者，不应该越界进行干预。

一般情况下，投资机构投资创投企业中，会派出成员担任董事会成员，参与公司治理和决策行动。投资机构通常会要求在董事会中拥有一定的席位，以参与重大决策并保护其投资权益。然而，董事会应是一个监督和建议的机构，而非直接管理机构。创业者应在董事会中占有主导地位，确保公司治理与其愿景一致。

在公司治理中，应明确划分哪些决策需要董事会批准，哪些可以由创业者自主决定。一般来说，涉及企业战略、重大融资、并购、股权激励等重大事项的决策需要董事会的批准，而日常运营和管理决策则由创业者负责。

投资者需要守住自己的本分，和创业者之间建立一些原则问题的清单。投资机构应在战略层面提供建议和支持，但不应直接干预或改变企业的核心愿景和战略方向。投资者的主要职责是通过分享行业经验、提供市场洞察等方式，帮助创业者优化战略，而不是强行推进与创业者愿景不符的战略调整。

国内某一个接受了投资的企业，其创始人让其经营团队成员不要将企业的运营数据给到投资方，双方就信息共享与透明度问题，进行过一场公开论战。实际上，接受投资的创业者有信息披露义务，这些都是公司法的条款内容，创业者有责任向投资机构定期披露企业的运营、财务、战略发展等方面的信息。这种透明度有助于投资者及时了解企业状况，并为企业提供更有针对性的支持。

投资机构虽然不直接参与日常管理，但应保留一定的监控权，以确保企业运营符合预期。通常，这种监控权通过定期的报告机制、董事会参与等方式实现。投资机构应关注企业的财务健康状况、关键绩效指标（KPI）和运营风险，但不应干预具体的运营细节。

投资机构拥有对于企业财务的合规性进行审查的权力，投资机构通常会要求定期审查企业的财务报告，并对重大财务决策（如融资、并购、资本支出等）具有一定的审查或批准权。这种审查权的目的是确保投资资金的使用符合企业的发展目标，并保护投资者的利益。

现在有很多投资机构，在同一赛道中，会投资多家存在竞争性的企业，投资机构在获得企业的敏感信息后，应承担严格的保密义务，不得将信息泄露给竞争对手或用于其他可能损害企业利益的方面。双方应在合作初期明确信息共享的范围和保密条款。

投资机构在规划其投资策略时，往往会精心构建投资协议中的退出机制，这是确保资金流动性与收益实现的关键环节。退出条款旨在明确并多样化投资退出的路径，包括但不限于通过企业首次公开募股（IPO）实现资本增值后退出、被其他公司并购以实现快速套现，或是在二级市场上进行股权交易以灵活调整投资组合。这些机制的设计需兼顾公平性与合理性，既要充分保障投资者的合法权益，允许其在合适时机以理想价格退出投资，同时又要审慎考量，避免过度干预或影响被投企业的正常运营与长期发展规划，确保双方利益的最大化与和谐共生。

在投资机构和创业者合作时，各自的边界应以尊重彼此的核心职责和优势为原则。创业者应主导企业的战略方向和日常运营，投资机构则应通过监督、建议和资源支持来帮助企业成长。明确的边界划分和合理的合作机制是确保双方利益一致并推动企业持续发展的关键。

4. "以客户为中心"可以化对立为统一

"以客户为中心"的理念在创业和投资领域具有极其重要的意义，这个近年来被引入创投领域的理念，其实是很多全球杰出企业的基本经营原则。这一原则存在的意义，就是在管理上，打破了部门墙，实现了管理流程的全域贯通。而对于创投领域，当投资者和创业者发生扯皮时，其实需要将彼此的注意力集中起来，聚焦于客户价值，这就是现在和未来创投领域的指导哲学发生转变的新指针。

从创业者的角度来看，将客户置于核心地位意味着能够更精准地把握市场需求。例如，一家新兴的科技创业公司，如果始终关注客户的反馈和需求，就能及时调整产品策略，避免投入大量资源开发不符合市场需求的产品，从而降低创业风险。

对于投资者而言，"以客户为中心"的理念能够帮助他们评估创业项目的可持续性和增长潜力。如果一个创业项目能够真正满足客户需求，拥有良好的客户口碑和忠诚度，那么投资者就更有信心投入资金，期待获得长期的回报。

在化解矛盾方面，当创业者和投资者都围绕"以客户为中心"的理念展开工作时，他们的关注点会趋于一致。比如，在产品定价策略上，如果只考虑短期盈利而定价过高，可能会导致客户流失。但以客户为中心，就会制定出更合理的价格，既能保证企业的盈利，又能满足客户的价格预期，从而减少创业者和投资者之间因短期利益产生的分歧。

从长远利益的角度来看，"以客户为中心"能够促使企业建立良好的品牌形象和声誉，吸引更多的客户，实现业务的持续增长。这对于创业者和投资者来说，都是实现长期利益的关键。例如，像苹果这样的公司，一直以来都将客户体验放在首位，从而在全球范围内拥有了大量忠实的客户，为公司和投资者带来了巨大的长期价值。

当投资者和创业者，包括外脑都将焦点对准企业的最终客户的时候，反向来驱动企业的内外资源，这时，我们就会发现，这件事其实在实践层面是完全展得开的。将最终用户的需求和满意度置于首位，能够为企业建立稳固的市场基础。以智能手机行业为例，那些真正关注用户体验，不断优化操作系统、提升拍照功能、延长电池寿命的品牌，往往能够赢得消费者的长期青睐，从而在激烈的市场竞争中站稳脚跟。

从创业者的角度来看，这意味着他们能够更清晰地明确产品或服务的定位和发展方向。

对于投资者而言，注重长期的用户价值而非短期财务指标，有助于做出更明智和可持续的投资决策。一个典型的例子是一些早期投资了具有创新技术但尚未盈利的企业，由于这些企业始终以满足用户需求为核心，随着市场的逐渐成熟，最终为投资者带来了丰厚的回报。

此外，这种共同的价值导向还能够增强创业者和投资者之间的信任与合作。当双方都致力于为用户创造价值时，在面对困难和决策分歧时，更容易达成共识，共同应对挑战。

投资者在考虑投资一个创业项目时，往往依赖创业团队提供的信息。如果创业团队能够主动且诚实地传达通过各种方式收集到的用户反馈和需求，投资者就能更全面地了解项目的市场前景。比如，一个新兴的健康食品创业项目，向投资者展示详细的市场调研数据，包括消费者对于健康食品的偏好、购买意愿以及对现有类似产品的不满，这将使投资者对该项目的潜力有更清晰的判断，获取透明且准确的用户信息能够极大地提升他们评估项目的能力。

在多年前，这样的透明化的工作方式很难做到，但是在今天，创投企业的经营可以展开数字化运营，投资者和企业运营团队可以实时共享数据，积极收集并透明传达用户信息有助于建立与投资者之间的信任。信任在创业投资关系中至关重要，它能够促使投资者更愿意提供支持和资源。以一家软件开发创业公司为例，若能定期向投资者分享用户测试的结果，以及根据这些结果所做出的产品改进计划，投资者会感受到创业团队的专业和负责，从而增强对团队的信心。

从整个创业生态的角度来看，减少信息不对称能够提高资源配置的效率。当投资者能够准确评估项目的潜力和风险时，资金就能够更精准地流向那些真正有市场需求和发展潜力的创业项目，避免资源的浪费。

当创业者和投资者都认同"以客户为中心"的理念时，他们更有可能建立长期的合作关系。因为双方都明白，只有持续满足用户需求、提升用户体验，才能实现企业的长期发展和价值最大化。这种共识促使双方在遇到困难或挑战时能够携手并进，共同寻找解决方案，而不是相互指责或放弃。

用户是企业价值的最终评判者。通过深入了解并满足用户需求，企业能够不断提高产品和服务的质量，增强市场竞争力。这不仅有助于吸引更多的用户和市场份额，还能为投资者带来可观的回报。因此，"以客户为中心"的理念实际上是在为创业者和投资者共同创造更大的价值空间。"以客户为中心"的理念确实有助于化解创业者和投资者之间的矛盾，并作为价值指针来引导双方共同追求长远利益。然而，也需要注意到，这一理念的实施需要双方的共同努力和持续沟通，以确保在实际操作中能够真正落地并取得实效。

5. 以共同构建优质资产为价值准则

在市场中，优质资产始终是稀缺的，在当下资本过剩的时代，拥有优质资产的创业团队就成为整个市场上的香饽饽。我们总是在讨论，创业者需要有引领资本的本事，本质上，创业者需要有创造优质资产的能力。

中外几乎所有的投资者都遵循一个基本规律，即用低价买入优质资产，买入这些资产后，长期持有，而不是频繁换手。某种程度上，这就是投资的铁律，我们在做创投服务的过程中，也要遵守专业的铁律。

对于一家创投服务型企业，需要服务于拥有创造优质资产潜力的企业，这些企业本来底子就好，只是缺少一些必要的资源，对于这样的企业，能够实现破局的可能性就比较大。从某种程度上来说，投资者和投后服务企业，也是一样的情况，面对众多创投企业，选择比努力更重要。

>>> **投后破局**：投后管理与创业重生之道

我们的选择模型也是很简单，这些创投企业，拥有独特的专利技术、能够颠覆传统行业的创新商业模式，如独特的资源、技术壁垒或成本优势等。比如，掌握稀缺原材料供应渠道的企业，或者能够以更低成本生产高质量产品的企业。像共享经济模式刚出现时的一些先驱企业，通过改变人们的出行和住宿方式，创造了巨大的价值。原因很简单，这些都是需求入口的转变趋势，即人们出行和住宿习惯的转变是个必然趋势，设想一个"00后"，在到达一个城市的时候，一定会进行网络预订，而不是一家一家寻找合适的出行和住宿地点，在一个稳定的消费入口守住了，就是"长坡厚雪"企业。

优质资产标的往往有高增长的潜力，所处的市场具有广阔的发展空间和未被满足的需求。比如，随着人们对健康意识的提高，健康科技领域的企业如果能抓住机会，就有很大的发展潜力创造优质资产。又如，现在在低空经济方面拥有创新技术和应用场景结合优势的一些企业，就是值得投资的对象。未来，无论在民用还是军用领域，这都是一条快速增长的赛道。

如果这家企业还拥有强大的团队，具备丰富行业经验、卓越领导能力和良好团队协作精神的成员。比如，一支由技术专家、市场营销高手和运营管理精英组成的创业团队，能够在不同领域发挥优势，推动企业发展。团队能够快速响应市场动态，调整战略和业务模式。这样的企业即使短期遇到困难，但运营理顺了，也马上就能够发展起来了。

对于优质资产的认知，其实对于一些有投资偏好的投资者而言，认知是不同的。一些传统产业中，同样能够创造出优质资产，对于巴菲特而言，他选择优质资产的方式，就是紧贴大众的基本需求，那些具备长期稳定需求的赛道，做出了品牌和差异化，就是值得投资的对象，那句著名的话语，值得投资者铭记：我们要寻找那些不需要杰出运营团队就能够实现持续盈利的企业。他的同伴，已故的投资大师查理·芒格也多次对于投资人发出警告："聪明人也不免遭受过度自信带来的灾难。他们认为自己有更强的能力和更好的方法，所以往往他们就在更艰难的道路上疲于奔命。"其实，意思很简单，人不能因为驾驶技术好，就能够在高速上逆向行驶，也不能因为平衡能力好，就放着大路不走，偏要去走钢丝。无论多杰出的投资者，都无法让一个劣质企业变成一家好公司。

对于创业者而言，以构建优质资产为准则能够促使他们更加注重企业的核心竞争力和长期发展战略。这意味着不能仅仅追求短期的业务增长，还要在产品或服务质量、品牌建设、人才培养等方面进行持续投入。

对于创投机构而言，想要投资和维护好优质资产项目，一个重要的原则就是下苦功夫，但是少出手。这也是中外投资人所积累下来的基本原则。对于投资什么样的企业，在前文中，我们已经提供了创投六脉神剑模型，即围绕六个重要的元素进行深刻理解项目，推动一个项目向前发展。

对于一家创投私募机构，需要把重心压到投资优质资产这样的核心焦点上来，重整投资流程，严格的筛选流程确实是创投机构防止投资犯错的基础工作，也是整个投资过程中的关键步骤。筛选流程的严谨程度直接影响着投资成功的概率和长期的回报质量。

一位知名的私募机构创始人说："看看全国知名的中学，那些升学奇迹是哪里来的。那就是很好的创投模型，最好的中学都是从全省甚至全国选苗子，放在一个班里，相互学，相互追，相互超越。投资也是如此，你没有几把细密的筛子，根本就选不出团队出来。对于创投机构而言，多生儿子好打架的思维是极端错误的，现在的市场是少数派的胜利，记住啊，投资一定要少出手，押宝赢家，现在是赢家通吃的时代。"

严格来说，投资者对于优质资产的认识，只能来自领先的认知能力。一个严格的筛选流程不仅是为了排除不合适的项目，它同时可以帮助投资者深入了解所投资的企业及其市场。在进行详尽的财务、市场和竞争分析时，投资机构可以更好地理解行业趋势、技术前景及商业模式的可行性。这种理解有助于后续投资中的战略支持和价值提升。

在投资中，情绪和偏见可能会影响判断，尤其是面对一些看似光鲜的创业项目时。严格的筛选流程通过标准化的步骤和清晰的评估标准，可以帮助投资人避免仅凭直觉或情感做出决定，确保每个项目都经过了理性、客观的分析。

投资本质上是风险管理的过程。通过全面的尽职调查、财务分析、市场评估等环节，筛选流程能够识别潜在的投资风险，如财务不透明、管理团队能力不足、市场需求不明确等问题。这有助于在早期排除高风险项目，从而保护投资资金。

创投机构如果长期坚持严格的筛选标准，能够建立起市场中的信任度和良好声誉。创业者和其他投资方都会知道这个机构是专业、严谨的，进而愿意分享更多的优质项目，形成良性循环。在创投行业，耐心和谨慎永远不会过时，因此筛选流程的重要性不容忽视。

第五章
创投战略破局之道

1. 陷入困境的创投企业如何重生

企业陷入困境，往往需要一种跨越传统竞争模式的企业发展战略设计，自然要求企业拥有自己的独特优势，跨越的基础和本钱在哪里？一个企业能够生存，总有一两项能够拿得出手的绝活，战略破局的底牌其实就在这里。

对于创投企业而言，受委托的投后管理团队入驻，企业在技术领域的积累，或者把握市场发展的趋势，进行商业模式的创新，这些都需要在更加开放的环境中审视外部环境和企业自身的能力。技术型企业需要具有全局性的技术领先基础；而商业模式见长的企业则需要抓住行业机会，进行一种整合模式变革，从而塑造新的价值生成方式。

对于技术型企业，当投后服务者出现的时候，还是要看看，即使这些技术具有领先性。技术领先不一定是成熟的、有市场应用前景的，要实现技术系统成熟落地，往往还有一小段甚至一大段路要走。

这一类的投资是需要风险意识的。对于这类风险，投资者需要思考自己能不能够承受，不能够承受长周期的话，我们建议就不要追加投资了。

还有一类企业，就是基于市场整合和用户整合的商业模式创新，而这一类企业基本采取的都是大步飞奔型的占位策略。站到第一，就能够实现通吃。商业模式是不是具有领先性，需要对整个时代进行把握。

企业想完成一个商业模式的创新，就是完成一个商业布局，这是需要时间周期的。投资于这样的企业，就需要没有杂念，一门心思向前发展，要放弃一些对于短期利益的追求，而争取在整体上获得超越竞争的能力。

从这里来看，对于创投企业脱困，有两条基础原则，一条就是发现企业的绝活和能力圈；另一条就是顺应项目本身的发展周期。方法论很简单，就是将眼前的企业当成一个新起点和新团队，走往一个新的创业周期。无论是技术领先优势，还是商业模式领先优势，这些优势都不是孤立的。在看问题时，还是需要整体和全局的视角。毕竟，从局部领先到整体性的市场胜利之间，还需要一个完整的价值创造和实现的过程。

从笔者在长三角创投服务的实践经验来看，当我们接受资本方或者创投企业的服务项目时，除了会对企业进行一次全面诊断之外，还会进行资源盘点，找出问题根源，如财务管理、市场营销和产品研发方面的问题。复盘是相当重要的，管理团队需要进行一次深入的自我反思和自我批评。对于一支有重大失误的团队，有必要进行一次全面整合。大体上会围绕三个方向进行深入：组织能力建设的缺失，管理低效的原因和业务方向及流程的失控。

有时，创业者和投资者，以及债务人之间已经产生了矛盾，直接沟通渠道受阻，投后管理团队就需要再拿出项目的重组和重整的方案，进行新一轮的资源整合，在保护前一轮利益相关者利益的基础上，保护和盘活资产、优化现金流、保护实控权、降低成本、剥离非核心资产、削减债务。我们在实践中也发现，一旦企业能够获得一定的现金流收益，实现自我造血，投资者和债权人也就会改变看法，这时候，可以和这些投资者进行协商，对退出时间或者债务偿还时间进行谈判，为企业转身提供喘息时间。

从总体上来看，这是一个复杂的复盘和沟通的过程。一旦为企业争取到资源，我们就会将企业当成一家新企业进行战略战术的深入梳理，将主要的短期精力放在两个方面：一个方面就是做创始人和核心团队的工作，说白了就是激发出他们创业的斗志；另一个方面，那就是聚焦于业务领域，提供业务领域的执行能力，这样做的目的，一是保住团队，二是带来真正靠市场赚来的钱。

先解决业务问题是有道理的。东方希望董事长刘永行有一条经验，在面临复杂局面的时候，"致力于效率管理没有副作用"。投后管理团队和创业团队之间进行融合后，第一步抓的也是业务效率的问题，在业务领域是一定要由"铁军"把持的，导入精细化管理，业务上开源节流，实施严格的成本控制措施，包括采购、生产、销售等各个环节的成本优化，减少不必要的浪费。精准定位与市场需求匹配可以帮助企业获得宝贵的现金流，只有经过现金流枯竭的创始人才知道，账上资金转不动的时候，绝对会带来口苦舌干的焦灼。从最痛的痛点下手，也能够让投后服务的价值在短时间内显现出来。

业务领域的率先发力，在于打通企业空转的资源和应用场景的直接联系。凡是陷入困境的创投企业，一定存在大面积的资源空转的现实情况。在业务开展的过程中，形成一支一支专业、高效、协作的业务团队，拖动企业的整体资源实现有方向整合。以业务为先锋，其实是没有副作用的。

在战略梳理上，我们也有自己的"四个对齐模型"，主要来自四个领域的对齐。企业的战略领域的复盘就是围绕着四个领域展开：业务是不是市场需要的，需要才有机会；要从国家和宏观分析出发，一定要投资国家需要的领域，抓住机会，就要抓住最大的机会，要相信一点，国家需要什么，就投资什么领域，在其中找到一个好位置，站住了；企业的业务体系需要在产业赛道中，出发要早，不怕规模小，抓住创新点，要节约用资，实现低成本运作，在发展之中找到顶级人才一起干事业；现在一个创投企业要脱困、要发展，不能仅仅站在企业的视角看问题，需要站在产业链上来做投资和服务，成为国家产业链上一个环节的占位者。按照这个四个需求对标下来，企业在战略定位上就能够找到一个好位置。

一位政府引导资金的管理者跟我说:"四个对齐模型很实用,很好理解,你们所做的事情,就是将麻布换成织锦,后面做了锦上添花的事情。"

从我们的服务经验来看,能够让创业者安顿下来、实现心静的资源,就是自身业务产生的现金流。凡是能够加速业务变现的创投团队,一定会改变企业。创业者心态稳下来了,就会面对困境,实现一系列脱困的运作。

2. 资源赋能激发企业活力

投后管理者可以作为企业综合资源的引入者,而且在帮助创投企业脱困的过程中,一定采用"鸡尾酒疗法",即综合下药,跨过私募基金只能提供资金的单一模式。

我们接触一些早期创业团队,发现这些团队,其实是什么样的钱都要的,不挑投资人,站在成事的角度来说,这就是个大问题。但回过头来想想别人的处境,也能够理解原因,1987年,任正非在创办华为的过程中,还拿了一个不相关的人两万元钱作为投资款呢。因此,对于创投领域,我们看问题还是要基于现实。

投资者在约定的时间周期内无法退出,源于创投团队没有后续的融资进入,同时,也源于业务领域没有现金流流入,失去了和投资者的平等谈判地位。作为投后服务机构,往往都是在这个节点和企业进行合作,而往往在此时,从创始人到团队,都会陷入一种自我怀疑中,团队气氛也比较沉闷,因此,帮助企业,不仅仅在业务上逐步帮助企业恢复信心,在企业创业文化的重塑领域,也是需要重点关注的地方。从人心思变,主要骨干

>>> **投后破局**：投后管理与创业重生之道

要离职到团队重整，重拾信心，投后管理团队需要充当一回"团队政委"的角色。团队内部的再沟通，是一项盘活项目的基础工程，恢复"战时状态"，对于创业团队来说，是非常重要的一件事，创业成事的本质是人心向上，这是铁律。

好的创投资本和非专业的创投资本的差别在于，优质的创投资本能够带来多种资源，有些投资机构还有专门的猎头团队，帮助被投企业来物色急需的人才，提供足够的创业者之间的互动和交流活动，现在这种投后综合服务基本已经转移到了专业的投后服务机构手里了。

创投战略破局是一环套一环的连续过程。在帮助企业进行再融资的过程中，我们会根据企业的具体经营状况，给出更加具备可行性的发展计划，这是一种以企业产业规律为主的执行计划，在全国寻找为数不多的长线资金的投资，做"创业者背后的创业者"和"投资者前面的向导者"，这些长周期的价值生长，需要和全国的保险机构、创投领域、银行等长线资金进行深度接触。引导中国的长周期资金进入创投领域，对于改善中国的创投环境是有巨大价值的。

在复杂多变的市场竞争中，为初创企业及成长型企业引入恰当的资本力量，是推动其稳健前行、实现可持续发展的关键。因此，我们致力于搭建一个高效、互信的对接平台，精心筛选并对接长线资本与"耐心资本"，旨在构建一个稳固的资本矩阵，通过深度资源配伍，为被投企业注入持久的生命力与增长动力。

这些长线资本与"耐心资本"的持有者，不仅拥有雄厚的资金实力，更秉持着对产业深刻理解的洞察力与对企业长远发展的坚定信念。他们深知，企业的成功绝非一蹴而就，而是需要时间的沉淀与基础的夯实。因此，他们愿意与创业者并肩作战，从初创期起便深入参与企业的战略规划、团队建设、市场拓展等各个环节，共同经历挑战，分享成长的喜悦。这种长期陪伴、共同成长的理念，与我们投后管理机构的价值观不谋而合，我们坚信，唯有如此，才能真正助力企业稳健成长，实现价值最大化。

我们有意对接长线资本和"耐心资本"，并且形成矩阵，进行资源配伍，短期投机资本和债务融资进入创投领域，其目的和长线资本不同，我们觉得，这些长线资本更加注重产业规律，也更加注重企业打牢根基，他们是价值观，就是从早期开始，就和创业者一起成长，而不是得利后就退出，长线投资者注重周期价值，这和我们投后管理机构的价值观一致，对于创投企业会更加友好。在创投领域，再融资是一种综合赋能行为，绝不是涂抹打扮一番，对项目进行整容，进行下一次"拉郎配"。

这些践行的观念也和国内一些私募机构的认知类似。富海投资陈玮说："我相信三五年可能越来越多的长线资本，特别是保险机构，越来越多的钱会涌入创投领域，所以解决第一个问题是需要在政策上推动解决长线资金进入创投领域。"

对于如何进行综合赋能，包括智和岛在内的创投企业的外脑服务机构，至少有四件事情可以做，能够激发创投的活力。

首先，在激活团队的过程中，需要激发团队敢于将事业做大做强，敢于将设想的目标放大十倍百倍。我们称为务虚会，启动逆向思考，敢于提出百亿元产值千亿元市值的大目标。这样做的目的，不是放卫星，而是将一件事放大思考之后，思维方式就会变得完全不同。新的资源要素，必然需要在全球组织各种资源，敢于做全球市场的布局和思考。

其次，做完战略后，需要让战略贯彻到业务中，外脑和创投企业一起做战略整合，帮助企业实现真正意义上的资源对接、资源赋能、资源整合。

再次，协助企业贯彻战略执行过程。企业的估值不仅来自企业的愿景，企业在现实经营之中取得的产业地位和应用市场规模、扎实的估值系统也来自这里。在这个阶段，需要和以往的投资者、创业者一起，对接产融资本和战略资本，协助企业成立战略财务部门，将常态化的融资行为变为公司的一项常态事务。这些部门可以在外脑的帮助之下对接百家资本机构，形成持续的关注，提供企业的经营报告，形成长期关系。

最后，外脑机构需要帮助企业做好宣传，为企业提供良好的公共关系，打造品牌形象，塑造好企业故事，让用户能够有更好的价值体验，这些工作，就是在营造一个更好的经营环境，积累软性资产，在估值之中，软性资产估值也是不可忽略的领域。

以上四点，都是智和岛团队实践经验的总结，其目的就是通过完整的流程设计，一步步将死气沉沉的团队变成铁军团队，活力管理已经成为创投领域重要的管理范畴，团队需要有极强的求胜欲望，才能够在大赛道的淘汰赛中脱颖而出。

3. 赛道整顿、创新组合和战略重构

这一节主要写关于创投企业如何脱困的三板斧方法论，对于很多处于进退两难的创投企业都是有用的。我在描述操作过程的时候，尽量会用具体的案例来说明，企业如何通过关键动作的组织进行脱困。

我们需要陈述一个事实，将一家陷入困境的创投企业带出去，需要所有的利益关系人背负巨大的压力，这种压力不会消失，只能够做一些转移。但该做的事情，该顶的压力，一个都不能少。

近年来，国内一个典型的投后管理和企业战略重构的例子，就是中航

锂电。这家企业现在更名为中创新航，总部位于江苏常州，是国内动力电池领域的领头羊之一，2023年总营收超过270亿元，动力电池装机量稳居全国第三。而就是这样的企业，在发展过程中，也因为遇到产业发展的不确定性，旧的商用赛道狭小，企业决策缓慢，导致企业一度陷入巨额亏损，甚至拖累到主管母公司被列入退市警告。而就是这家企业，在陷入困境后，其一系列运作，进入市场空间更加巨大的民用乘用车赛道，经过产品结构的调整，研发新品并迭代产品，重建生产工厂，重建品牌和营销队伍，主要投资者换手。复盘每一步走过来的路，都是创业者和投资者精细协同的结果。

在原来的赛道中，中创新航是领军者，这家2007年诞生的企业，是中航工业集团和所属研究院共同成立的。在动力电池领域，拥有自己的独特的技术专利池。

但是，整个产业赛道发生了变化，在2017年，国家出台新政策，对新能源汽车补贴政策出现了大幅度的调整，对于电动汽车的续航里程提出了新的标准。中航锂电主要专利池和产品集中在磷酸铁锂电池领域，虽然更安全，但是在续航里程方面不占优势。由于新的标准的存在，三元锂电池迅速取代了磷酸铁锂电池。在原来的赛道上，这家企业突然碰到了发展失速，原来的所有产品卖不出去了，企业的经营业绩出现了断崖式的下跌。到了2019年，这家企业已经亏损了10多亿元，如果不能解困的话，这家科技企业只能破产。

这就叫赛道整顿，也就是产业发展空间突然转向。企业的产品结构和产业结构来不及调整，本来发展得好好的企业，有可能因为一纸政策，就会被市场淘汰掉。因此，在碰到赛道整顿的情况下，企业需要下决心进行产品结构性变革，让自己的产品和服务能够符合新的市场要求。

当时的中航锂电可以说是风雨飘摇，管理层找了国内的各种基金，寻求战略投资,帮助企业脱离困境,但都被人家回绝了。到了2018年,中航锂电没有办法,向常州市政府和常州金坛区政府寻求帮助,希望他们能够帮助企业输血解困。作为中航锂电的重要股东,一旦这家企业倒下,常州市和金坛区政府也将面临巨额的损失。在这个时候帮助不帮助企业,其实是一个难题,政府在当时也承受了极大的压力。

负责投资决策的一些政府部门负责人,他们和其他杰出投资人一样,拥有缜密的投资和产业分析的流程,在处理棘手投资案的过程中,表现出了很高的专业度。因此,可以得出一个结论:中国的一些最佳的投资人其实就在政府里,他们更善于做长周期的事情,站在构建整个产业链的高度,为城市带来完整的产业生态,通过龙头企业的带领,实现城市产业竞争力的提升。

他们不仅是好的营商环境的维护者,也是非常专业的企业发展进程的管理者。只不过他们的立场和普通的企业不一样,他们思考的是产业的大趋势和构建城市产业链的完整性,为了提升城市的产业竞争力,一些领导干部确实敢于冒险,敢于将有限的资源投入先进的产业。从某种程度上来说,他们也是一个城市的创业者。

当时,常州市政府和金坛区政府组织了专业团队,在全国聘请了新能源领域的专家,以及创业领域的专家,对于项目进行深入的研究,对于企业资源进行一次系统的清点和复盘,并在很短的时间内得到了结论,政府作为新的战略投资者,进行重整。

经过股份置换,中航锂电从央企的子公司变成了常州地方国有企业,更名为中创新航,总部搬到了金坛。常州市政府迅速行动,完成了企业主要股权的换手,重组了董事会。常州之所以要怎么做,恰恰是由这个城市作为"新能源之都"的产业定位决定的。从城市的产业定位来看,新能源产业是国家的未来发展的主要支柱产业之一,在大的方向上面完全没有问题。企业碰到的问题是产品结构的问题。企业的主要资产都在新能源的主航道之上，只要进行产品结构的转换和应用市场的转换，假以时日，企业还是能够做成国内动力电池领域的领军企业。这就是政府投资人在经过深入研究之后得出的一种结论，别人的危机其实就是成事的机会，杰出的投资者要在资产被低估的情况下出手，这就符合了投资的一般规律。

常州市发改委党组成员丁剑说："常州不需要去'赌'技术方向、企业大小、短期收益，而是要产业链的完整性，把整条赛道都装进来。"这句话的意思其实也很简单。那就是城市必须去干的事情一定要干好。

在投后管理的方法论中，创新组合是一个基本方法，在中创新航这个企业的重构破局中，城市的产业链创业者和企业的创业者变成了一种新的创新组合。这是一种符合中国国情的大企业的发展之路。

笔者认为在常州的中创新航的重组中，这些城市的产业链构建者更加尊重产业规律，他们在投资中创新航的过程中，做好了帮助企业走过困难周期的准备。"舍得投入、等得成长、容得失败"，历届政府在新能源领域的投资保持了连续性，一棒接着一棒干，抱定了"十年不鸣，一鸣惊人"的发展哲学。在进行混合改制之后，政府作为一个投后管理者，帮助企业进行资源配套，营造良好的营商环境，提供财政和财税领域的相关支持政策，让企业快速恢复元气，最终成为城市新能源经济的领头羊之一。

在经过一系列的战略重构之后，常州市政府秉持了自己作为企业关键合伙人的责任，调集各种资源，让企业在最短的时间之内完成从管理架构到产品结构的转变。协助企业去抢占新的市场，获得新的市场地位。这就是一位合格的投后管理者所能做的事情，在这件事情上实现了破局。

2022年10月，中创新航在港交所实现IPO，市值一度超过600亿元。如今的中创新航，已成为全球为数不多拥有同时为主机厂提供磷酸铁锂及三元锂电池全系车型配套能力的动力电池企业之一。

4. 从不确定性到价值成长性

对于陷入困境的创业者，我们在第一次交流时，就会发挥自己的"说教特长"，通常会和创业者回顾中国创业市场过去一段时间的发展情况，而且每一次都有一个结论：乾坤未定，你我皆是黑马。几乎所有冒出来的新的独角兽，都是不知道从哪里来的，根本就无法预知，因此，我们会鼓励创业者在至暗时刻里，要坚信自己。在日常，还是要专注于最重要的事情。

我们作为一个聆听者，听取创业者对于创业过程的复盘，理解其中的不易，逐渐理解企业暂时失利的原因。如果商业模式是正确的，战略层面没有大问题，那公司是能够发展起来的。从投后管理的咨询经验来看，这些拥有核心技术产品的公司，其实就是太内向了，在业务和营销领域的力道太小，换不来充裕的现金流，或者说，新的创业者还有一点书生意气，在营销领域做事不够稳、准、狠，没有建立营销领域纪律，这些企业还是能够进行快速挽救的。

对于投后服务机构而言，和创业团队进行工作融合之后，其实并不能通过精准预测帮助企业确定接下来的发展方向，在不确定性的市场里，没有人可以打包票做到这一点。辅助创业者的工作并不是给出确定性，而是共同深入做功课，相互启发，实现对于新业务的洞察。

我们可以确定一些边界，在当下的市场中，真正能够为理财者和投资者提供低风险稳定回报的资产是短缺的，而能够一眼看到的很多都是高风险资产，这是过剩的。因此，团队向着稀缺的方向出发，这是一种价值成长，是具备确定性的方向。

大致方向清楚，细节有一些模糊，这是创业者普遍碰到的困惑。其实这是一种经营的常态，一边发展，一边探索，接受更好的意外之事，这是投后管理团队和创业团队需要秉持的态度。正如我们前文所说，"以客户为中心"来展开活动，不会犯战略错误，离客户近一点，做离钱近一点的事情，副作用就比较小。我们需要和创业团队一起跑一线，去理解和发现需求，这是经营的主干道，在主干道上奔跑，需要有自信心。

笔者一直认为，投后管理机构的服务，和创业者一起探索"做正确的事情"，这是主要责任。企业团队对于战略的展望实际上还是线性的，虽然对于中景和远景能够做判断，但是战略场景是不能完全展开的。可能规划者知道宏观的景象，但是对于行进过程中的细微进展，还是不能预计的，毕竟，做事业不能够靠神机妙算，而是和环境相适应。这也是事实，未来不知道以什么样的方式来，但是未来一定会来。

投后管理和辅助服务仅能够解决避免战略失误的问题，但是对于事业开展过程中的经营细节内容是无法把控的，也是无力把控的。因为产业链条在此时还没有完成结构化和创出绩效，产业投行的功能还没有体现出来。创业者没有一个战略抓手。

我们的工作方法很简单，其实就是一种基于根基性主业做衍生的概念，找最大的应用场景，经营第一，管理第二，再融资第三，做出工作排序，同步推进，再融资的工作，投后管理团队需要利用沉淀的资源网络，在这个领域多做一点工作。整件事情并不复杂，但要理解其中的部署，还需要进行持续的深度沟通。

在帮助创业企业脱困的过程中，企业不需要纠结于是专一化还是多元化的问题。因为新的事业都是在根基性主业之上生长出来的，是企业从简单结构进化到复杂结构的必然的发展道路。只要是自然生长的价值，就需要主动迎合。作为一个企业，不可能将一臂之内的战略增长机会留给别的企业，这是企业扩张的逻辑。

在国内外，做得出色的资本系，都有自己的根基性主业，比如，黑石集团50%的收益来自地产服务和管理领域，红杉资本有更大的收益比例来自互联网领域。其实投资本身也已经能够提供结构化资源了。架构化资本和浮云一样的寻机资本其实不同。结构化扩张才是创投高成功率的主要原因。

这就是专业化创业和结构化资本之间的联姻关系，投后管理领域，需要深度理解如何引入资本系，而不是短期的套利资本。

需要脱困的创业企业，需要将很大的精力放在生存上，这一点需要创业团队成员深度理解。即使像华为这样的公司，对于"活下去"三个字也是经过深度思考，并且贯彻企业所有的经营管理行为的。这就是经营第一的价值所在。眼前的坎先过去，大格局以后再讲，或者让投后管理团队找到合适投资机构来讲。一门心思搞经营，就是在为企业的一切上层建筑打基础。在战略发展上，要保持冷静，张一鸣被外界普遍赞誉的品质——延迟满足，其实适合所有创业者。

创业提高成功率的一个重要方法，就是基于成熟团队的平行移植，这才能够解决再创业和创投领域的问题。只有输出的软性资本和价值观能够驱动新的事业核，新事业才能够发展起来。创业企业最重要的事情，就是将根基性主业培养起来，实现良性循环。

企业的根基性主业要能够扩大市场规模，实现主体上市。根基性主业变成了新事业衍生的孵化器，出色的企业能够自己孵化下一个战略增长点。即使在上市之后，也可以将企业矩阵框架之内经营的各个项目独立分拆上市。在此过程中，企业总体市值出现了飞跃式的增长，但是这其实只是表象，真正的核心是企业内部完成了团队的有机分裂，并且在企业内部复制了自己的成功。

在资源层面能够随时调用企业内的一些资源，这样的项目既有其独立性，又有了关联性，这种背后所建立的人才池为新事业发展提供了保障。这些完全熟悉战略战术套路的人其实是向导，能够将新企业带到一个好地方，做一个新的值钱企业出来。

5. 从创投陪跑到IPO护航

在本书中，我们始终将价值投资作为帮助创投企业实现脱困的原点。这是本书的立意，也是面对不确定时代的必然作为。

很多早期投资者现在都跟我们说，我们的目标就是将孵化的项目带到上市。其实，上市又如何呢？按照目前证券市场的节奏，在未来，上市和退市，都会很方便。

我们可以看看数据，就知道如果做不好基础工作，上市也不会达到实现价值的目的。2022年，上市破发企业占比达57%。原来创投领域只要投资标的IPO就赚钱，平均回报率有10倍之多，甚至二三十倍也不奇怪。而目前，有10倍的市盈率已经是一个高指标了。也就是说，即使企业上市了，多数投资者还是不能以增值的状态正常退出。IPO的破发意味着创投行业的成熟度越来越高了，上市公司成为稳定的优质资产，获得稳定回报，这样的本质性需求，即使对于初上市公司来说，也还是有一段长路要走。上市不一定能够赚钱，只有那些真正在市场中有价值的好项目，才能有做高市值的机会。

对于资方委托入驻创投团队的投后管理,如何和创业团队融合工作需要讲究策略。前文我们已经讨论了企业的价值成长性,价值成长性有两个数字衡量指标:一个是一级市场的估值管理,另一个是二级市场的市值管理。

估值管理以成功再融资推高估值为导向,以企业突破阶段性瓶颈为导向。这能够让投后管理者拿到自己的话语权。在之前,关于估值管理,其实在一些基金经理的眼中,就是一个会计学;而在顶级投资人那里,一个看似丑陋的公司却值那么多钱。估值管理似乎变成了玄学。

不得不说,在本质上,企业估值是一个"虚幻"的东西。但是这种虚幻是能够为企业赋能的,企业估值的不断增长,能够编织出一个同样虚幻的故事。当然,企业需要有坚实的经营基础,如在某一方面确实能够赋予人们这种想象。尤瓦尔·赫拉利在《人类简史》著作中,有这样的一句话:"这样的虚构故事能够赋予智人前所未有的能力,让我们得以结集大批人力灵活地合作。"

作为一名创投服务业者,对于创投企业的估值管理,应该是两种思维方式的产物,一个经营思维,另一个是资本思维,两者是同等重要的体系。用经营思维来面对当下普遍的IPO破发的问题,其实是一种务实的应对手段;而估值系统之所以如此重要,是因为我们无法给企业的股权进行定价,只有在具体的交易之中才能够定价。

很简单的道理,如果有一个投资机构愿意出两亿元购买企业10%的股份,那么企业的总估值就是20亿元,以此类推,如果创始人占据40%的股份,其名义财富就达到8亿元的身家。从某种程度上来说,这是未来现金流在当下的一种表现。投资机构购买的股份是对于企业发展前景的预见性肯定。

估值管理很重要,这让创始团队能够兑现对于早期投资者的承诺。通过谈判和再约定,让早期投资者实现溢价退出,让出一些股份,给新的投资者，新老投资者正是通过估值系统来进行股份置换。新的投资者承认早期投资者的冒险收益，这不是什么铁律，而是创投领域约定俗成的进入和退出方式。

投资服务机构带来的投后管理，事实上就是一种创业陪跑的模式。创业陪跑的主要内涵就是将企业经营管理做好，将企业的营收做实、市场做大。技术领先性的创投企业，需要评估这项技术从现状到成熟的周期有多长。技术型企业是需要时间来完善的。一个科技项目需要从理论成果走完工艺突破的周期。陪跑者需要让企业总估值和企业的真实价值系统保持同步或者适度超前，不能够在企业技术工程系统和应用市场没有成熟的情况下，过度推高估值，这就让企业的估值成为被高估的资产，这是资本市场的大忌，很多创投企业就是在没有经过市场验证的情况下，被高估值卡在那里，上不来也下不去。

现在我们来说 IPO 护航。按照当下资本市场的发展状况，我们应该将 IPO 当成一个新的起点，而不是终点。如果上市企业在 IPO 遇到破发状态，我们也认为这是一种常态。想要真正通过上市获得溢价回报，还需要一段上市之后对于价值创造领域的一次长跑。

"市值管理"这个词语，本来就是中国人发明的。目前在市场中的认知，也就是一些正常手段和边缘手段，甚至包括一些操纵市场手段的方法组合。其实，市值管理本身就有一种浓浓的操纵的味道，合规不一定就合理，合规不一定符合价值观。

市值主要针对上市且有而言。这种市值管理的目标就是从单一商业模式逐步过渡到复合型的商业模式，做业绩和盈利系统，单一的项目系统很难支撑一个完整的上市企业。不是单一的业绩系统不行，而是单一业绩系统的可持续性不行。在营销层面上，战略产品是一个现金牛，也是企业营销所追求的状态。但是维系上市公司的市值稳定性和可持续性，还是需要更高的战略逻辑。

大企业能够将路走得稳妥，在产业周期中实现安全过渡，避免巨大的不确定风险，有效地进行未来型的价值投资，这样的企业运营就是成功的。

市值管理既是关于企业现状的价值体现，也是未来和现在放在一起的价值策略组合体系。既然企业已经是资本市场中的一员，则发展的内在逻辑就要求，所有的经营业绩都是为支撑资本战略服务的。对于一家企业而言，既要做赚钱的企业，也要做值钱的企业。

6. 从单一创投到价值生态

对于什么样的创投企业能够活下来，还能够越活越好，这是值得探讨的问题。在企业界，一旦谈生态，就意味着是个大生意。实际上，这是一种误解，我觉得生态不见得就具有多大的规模。最小的人造生态是在一个封闭的玻璃球中置入水藻和小虾，两个或者三个物种形成相互依存的生态关系，这种置于桌面之上的小生态，是个可爱的小装饰品。

价值闭环，与用户一起成长，成为用户社区，并不是难事，这证明构建生态不见得就是一个复杂无比的事物。

在线下，一条美食街也是一个小生态，竞争对手之间其实也有一种相互依存的底层逻辑。企业构建生态的目的就是形成总体上对于外界环境的适应能力。所以，创业者谈生态构建不是狂妄的事情，一个大型社区的菜市场，其实就是一个直接面对用户的自发的生态化治理模型。我觉得一个创业者在菜市场里面站几天，就能够发现生态管理的真谛。

在今天，我们和创业者交流，如果创业者只是想赚大钱，那谈话其实就可以终止了。在今天的市场里，绝大多数回报都是来自资源组合，创业者必须是一个生态的架构者，或者是结构主义者才行。

今天的生意设计，需要构建一个独特的应用生态，应用生态往往由产品和服务构成，有固定的用户社区，以及用户参与的应用环境的迭代，这就是三位一体的创业结构。用户在使用产品和社区生态的时候，会形成适应的生活惯性，比如卖个二手货，挂到闲鱼上就卖出去了，这就是基于用户生活习惯的培养。

因此，我们和创业者进行交流的时候，要求企业的基础创业目标就是建立一个"三位一体"价值生态结构。

当然，说这些话，需要有坚实的理论基础，做百亿元千亿元企业的思考，需要理论基础。早在20世纪90年代初，电子商务还没有发展起来，媒体邀请德鲁克来谈谈未来电子商务如何发展。德鲁克说了两句话："电子商务企业不能只卖自己的产品，他们应该出售所有能够配送的产品；送货环节是能够产生差异化的地方。"德鲁克说的其实就是要创造一个新的商业结构，而不是创业卖产品的模式。

做生态模式，德鲁克对于电子商务的建议同样也是适合企业生态化进程的。能够及时响应用户的要求，并且保持自己产业生态的丰富性，真正的目的就是能够包容和接纳未来的所有的可能性。企业把握了未来的发展趋势，还需要留下随机性，来包容机会。

生态化是一种中性化的组织治理思维体系，和企业规模先进程度无关。企业采取封闭式成长还是开放式成长，这种选择完全在于人的认知，而不取决于其他因素。三个五个小微企业叠加融合在一起，也能够成为一个生态。随着加入体系的企业越来越多，就会形成一个具有自组织能力的生态系统。

我为什么会选择大型菜市场作为企业生态化的思考模型呢？因为季节

的关系，时令蔬菜上市的环节很容易就模拟出一个新产品上市的过程，体现出周期特征。

企业生态运营的规律就找到了，在总体上，战略领导者需要保证自己的经营的总体丰富性就可以了，这是生态管理的核心内容。一个菜品在进入市场前，其实其背后退出市场的时间点已经有了。作为观察者，无论什么时候，我们都能够在菜场里看到总体的繁荣。用总体的丰富性来保持总体的繁荣，若一个企业平台能够做到这一点，就已经把握住生态管理的精髓了。

我有将创业者带到菜市场的经历，让他们在那里思考如何做一个价值生态的构建者，我们需要的不是去将一件产品卖好，而是整个生态的丰富性支撑我们将一系列的产品卖好。很多创业企业脱困的出路，其实就在这里。

我们需要用结构的丰富性来面对周期带来的波动性，这是新的经营哲学，作为投后服务机构，需要对投资者和创业者实施双重影响，用投后过程管理来实现企业的结构性改变。

生态化的企业不见得是大企业，但是大企业的未来绝大部分是生态化的，否则太容易受到周期荣枯的影响了。企业的未来不见得就需要进行生态化，很多德国企业就做一个零部件，一做就是100年，也挺好。但是对于百亿元千亿元人民币产值市值的企业而言，生态化几乎都是他们的宿命，这是他们必须去的地方。

大企业的生态化，意味着能够包容小企业的创新机会和把握趋势的机会。而不是摊大饼式地横向扩张，大企业和小企业之间形成一种包容关系，大企业做市值，小企业做创新，将小团队的奋斗汇入面向未来的洪流。

活在未来的组织，不是摆出和未来对抗的姿态，而是包容未来，将未来的可能性放到自己的体系里来发生。而这些，正是全球顶级投资人，投资机构和企业家正在做的事情。我在这里例子都不用举了，抓一个巨型企业的做事模式，展开研究一下，就明白了。

第六章
投资机构的投后管理策略

1. 投后管理保证投资行为系统性连续性

在理论上，在天使投资阶段，天使投资人投入的一点资金，可能是 10 万美元、30 万美元，或者 100 万元人民币。这点资金对于将来要发展成一个规模企业而言，显然是杯水车薪。我觉得天使投资的主要功能，就是区分出真正的创业者。当然挑选是有代价的，将优质的创业团队从大众经济中区分出来，本身也是有成本的。在这个阶段，不需要强大的投后管理。

我们在研究投后管理模型的时候，发现很多世界级的大企业本身就是产业和产融结合的形态。一家处于扩张期的大公司，也可以被认为是一家有投资偏好的产业投行，这是可以借鉴的投行管理模式。

我查阅了国内外一些资本机构的投资模式，发现一些最近成立的私募基金和资本机构去做投后管理，在现实中基本都是失败的。也就是说，现在资本机构中的投后管理基本成为一种摆设，所以预计今后这些资本机构去做全程的投后管理，也是不现实的。

投后管理其实并不稀缺，现在主要体现在一些上市企业和全球产融财团中，这些优质企业是知行合一的职业经理人的商学院，在这样的产业生态中，资本和职业经理人都不缺。他们能够派出身经百战的经理人，收购企业，更换团队，实现资本增值，这些甲方的投后管理体系，具有很强的主导型治理能力，这些辅助过企业整个成长过程的经理人，会开启内部创业和产业系创业，这是内部创业者发挥价值的地方。

有些产业系公司本身就是产业投行。比如，华为旗下，有若干个业务单元和若干团队，其实就是一个基于主航道的产业投行性质的公司。

管理人才和高层流动是产业投行的运作核心。新的企业同时又成为实战型经理人的培育场所，人才生生不息，事业就生生不息。

产业投行的主要任务就是做完善的投后管理，投后管理保证投资行为系统性连续性。从私募基金模式逐步转变为产业投行模式，是很多一流资本的转型之路。

以上文字描述，旨在说明国内创投市场投后管理给创投企业带来的价值，以及投行管理的未来趋势。

对于以创投管理服务为核心业务的企业，在实际操作中，需要整合多种创业资源力量来服务于创投企业，其中最重要的资源就是资本和具备深厚创业经验的经理人。资本网络和人才网络是投行机构的基本资源，同时，投后管理机构需要出色的投资研究能力，以及投融资流程管理能力。

客观地说，帮助企业再融资不是最难的事情，只要创业项目能够稳健推进，这个创业项目在一年内可能就被推荐给上百家私募基金和创投机构。这就像连续相亲一样，条件合适，总会碰到对上眼的。问题还是回到现实，这些引来的投资是否和企业发展周期一致，是否在发展价值观上有共识，这些倒是需要认真解决的问题。

从我们的经验来看，一家投后管理机构，在背后，必然有一个专家矩阵，根据创投企业的需要进行过程管理服务，也就是缺少什么就补足什么，这是投后管理者的服务领域。

在创投领域，企业所遭遇的每一个问题都如同未来世界的谜题，它们复杂多变，难以预测，因此，没有哪位专家能够手握标准答案。这恰恰赋予了创投行业独特的可能性，它要求参与者不仅要具备敏锐的市场洞察力，更需拥有持续学习、勇于探索的精神。投后管理者属于高端服务业者，需要对于问题有深度的好奇心。

投后管理机构与创业企业的深度合作，不仅是对资金注入后的简单监控，还是一场深度融入、共同成长的冒险旅程。在这一过程中，创投机构积极借鉴并创新产业投行成熟的服务模型，通过定制化、精细化的服务方案，助力创业企业跨越发展瓶颈。

产业投行模型，其核心优势在于对产业人才的深度挖掘与培养。产业投行在投资企业时，不仅关注其技术实力和市场潜力，更重视团队的重整与提升，通过引入战略思维、强化管理能力，为企业打造一支能够引领行业变革的精英队伍。

战略能力与管理能力，成为产业投行区别于传统金融机构的核心竞争力。他们能够凭借深厚的行业洞察力和丰富的资源网络，为企业量身定制发展战略，优化资源配置，加速产业升级。同时，资本作为产业发展的加速器，在产业投行的精准运作下，得以转化为推动企业快速成长的动力。

关于投后管理团队协助创业团队完成的事情，首先，企业需要进行战略规划，协助企业制定长期发展战略，明确市场定位和竞争策略。根据市场变化和企业发展阶段，调整战略方向；其次，一般创业企业缺少财务规范，需要优化财务结构，合理规划资金使用，提供财务报表分析和预算编制指导，协助企业进行成本控制和风险管理；再次，创投企业缺人，投后管理机构就需要帮助去找人，帮助企业招聘关键岗位人才，制订人才发展计划，提供绩效管理和薪酬设计方面的建议；最后，确保企业的运营符合法律法规要求，防范法律风险，处理法律纠纷和知识产权保护等问题。在运营方面，协助制定营销策略，拓宽市场渠道，进行品牌建设和推广的指导，改进企业的生产流程、供应链管理等运营环节，提高效率，建立规范的管理制度和流程，为企业对接上下游合作伙伴、供应商等资源，介绍潜在客户和业务合作机会。

原则上，这些都是企业经营管理遇到的问题，投后管理团队就是要辅助创业团队做一遍，目的就是让创业团队经历过这些事后，能够独自处理这些问题。

以上是我们对于投后管理的理解。其实投后管理也分不同的阶段不同的流派，我们也可以看看国外的同行如何面对这个问题的。如果将创业孵化和加速过程都归入投后管理的话，那么创业加速功能确实对于投后管理提供了一个可以量化的目标。

在国际上，比如著名创业加速器 500 Startups，投后管理团队可以辅导企业 3 个月，创业企业可以申请为期 3 个月的项目，创业企业象征性地获得大约 10 万美元投资，但是获得的企业股份并不低，占公司股权 5%—7%，创业者能够接触到创始人和毕业校友的人脉网络。按照创业加速器的时间周期来看，这是一个很有价值的生意。更直白地说，孵化器类似导师带着创业者行走，而加速器的工作原则，类似正规化 EMBA 的功能，创业者之间相互辅导成长和导师做辅导具有同等重要的价值。其背后的底层逻辑还是要将企业放入一个创业网络，几百个经过严格挑选的新创公司聚到一起，能够建立一个新的价值网络，这比单一的创业方式更加具备快速学习的机会。

具体哪种模式更加适合创业企业，这还需要看具体的场景。创投领域服务在中国的发展时间相对较短，尚未形成非常成熟和可复制的运营模式或服务标准，新进入者需要更多时间和实践来摸索和积累经验。

2. 确立清晰的投后管理流程

对于本节的内容，笔者在写作时也有些犹豫，智和岛在服务一些私募基金的过程中，甲方确实都提出了相似的要求，希望我们能够提供一个标准化的服务流程。委托方的要求我们也能够理解，将服务变成标准化的流程，甲方能够分解具体的服务内容，进行横向比价，对于服务成本做一个量化评估。

对此，我们的工作只能分成两种，一种是能够进行标准化的创业加速器，这是借鉴了全球的服务标准，进行的一种投后管理和创业者集群服务，这种模式的优势主要在于成本比较低，好处也是显而易见的，也就是在短期之内能够接触大量的创业者，在其中能够发现可以深度合作的好苗子。

还有一种是投后管理，在笔者的文字描述中，我觉得这是一种"乱中取胜"的投后管理模式，即那些已经陷入困境的创投企业，对这些企业如何进行投后管理，其实在前文中，我们或多或少已经做了一些描述，在此，笔者将继续展开描述，列出虽不能完全标准化，但可以借鉴的一般模式流程。

首先，加速器训练营模式在国内已经有大约10年的历史了。投后管理模式就是将创业者集中起来，进行战略要素的排序练习，以类似私董会的形式，对于每一个创业者的问题，进行真实诊断，这是一种集群学习的过程。这些创业导师很多都是成熟企业的创新者和创业家，他们能够帮助企业制定大胆而又可行的目标，帮助企业达到了较好的成果。

以新营销为基础的投后管理模式，未来会成为投后管理团队的主要事务。创业训练营依然是创业加速器的标配，创业导师其实致力于这些创业者们之间的连接关系。

一个单个企业的创业实验，探索一件事情的失败，可以摆出来分析，能够成为集体的智慧，在加速器中，这是一个学习型的组织，先行探索者的实践路径能够为其他同时孵化的企业提供经验和借鉴。

在一些具体的做法上，发现一条路和堵死一条路是同样重要的，集体智慧和集体资源能够为这些创业者提供充足的软性资源，因为也是项目股东，这种投后管理的模式也必须是尽职的，这已经是基于利益攸关的系统设计了。

在加速器那段时间，创业者可以获得很多，从情感支持，到技术支持、融资建议、市场推广等。加速器能够提供一个完整的服务包，对于创业团队来说，这些价值体系能够帮助企业快速进行市场突破，获得快速发展的空间。

创业孵化器其实是一个人才资源和资本的"沉淀池"。孵化器和加速器作为这些企业的创业股东，随着大量的新企业的成长，形成一个企业带动企业的模式。

投后管理模式落地之后，能够丰富资本运营的形式。其实投后管理本身也可以是一种商业运营模式，用软性的管理能力来带动企业发展，并且在较长时间段内形成一个独立的创业生态圈。具有管理能力的组织，能够布局未来的优质资产，并且有机会培养具有领导力的未来一代。

目前，这种投后管理的方式，也比较受创投基金的欢迎，这种服务是非常容易计价的体系。这个模式到目前为止是有效的，创业者在孵化器中提出问题，作为创业导师和同伴创业者能够通过保密性的实地研讨，在完整的讨论之后，给出做事的一般流程。

当然，还有一种投后管理的流程，这是一种陪伴式的创投服务。主要针对前景广阔，有巨大的提升空间，团队优秀，在导入资源之后能够脱颖而出的企业。

一般对于这样的企业，我们的策略就是在运营层面首先发力。这些企业往往遇到的瓶颈是市场营销不力，因为营销不力，用户的服务就做不透，我们会帮助企业，聚焦于核心业务，在运营层面获得更多的现金流，并用充裕的现金流来面对下一轮融资。企业执行领域必须是一支有纪律的协同型团队。

其次，就是和创业者一起，确立企业的价值观层面的基本原则，也就是通过深入的团队沟通，一起改造企业的基因，这是一个过程，需要激发企业创始团队深层的价值认知，变成企业的使命和愿景。对于小企业，这些都是务虚的体系，但对于大企业而言，这些都是骨骼系统。在价值观的指导下，定义企业之内人与人之间的关系，定义为什么而奋斗的基本问题，我们一定要相信，斗志是由更好的生产关系激发出来的。

在创业初期，就形成一种协商式的决策机制，这种协商机制可以在企业发展的过程中慢慢形成，养成协商解决问题的习惯，在企业做到一定规模的时候，防止出现"成也萧何，败也萧何"的情况发生。领导力和专权专断是两回事，在大企业的决策框架中，逐步渗透民主治理的模式，并逐步变成企业的运作流程。企业的决策和管理系统加上自我验证的程序，这让企业能够拥有自我纠错的能力。

在企业的核心竞争力领域，引入对标机制，和全球最优企业对比找差距，找机会点，推进技术和核心产品的持续迭代。

最后，推进实时全景式管理成为投后风控模式，全流程创投风控防范体系已经成为投资界的一种普遍的需求。要求创业企业的员工不仅成为产品和服务的提供者，也要成为数据生产者，通过全局性的数字系统的导入，让企业的管理团队和投资者以及投后管理团队能够实时共享信息，在全面摊开的数字图景中，找出风险点和机会点。

3. 建立连续的融资和融智网络

对于投后管理服务企业的自身建设，需要围绕着创业服务对象建立自己的服务能力。而战略咨询和投后管理服务机构需要持续编织资源网络，通过构建创投网络社区服务多层次的创业企业。

对于投后服务企业而言，"以客户为中心"的商业准则同样适用，无论是加速器的训练营沉淀下来的创业者资源，还是众多的创投机构的资源，都需要进入一个开放的平台，成为一个投后管理服务社区里的节点。

资本机构之间，应该是一种相互支撑的体系。横向的交流是有益无害的，在互联网条件下，建立投资界的共同学习和交流的社区，则有利于在投资方面获得同行的支持，在协助项目融资和再融资方面具有很好的价值。

对于未来的投后管理，显然，建立网络社区是成本最低的工作方式了。对于项目而言，金钱是重要的，但是全面的智力支持和价值背书，对于被投资企业而言，更加重要。至于如何聚合这样的顶层投资者和优秀的经营者群体，这就是一种机制设置的问题。在实践的过程中，建立和这些人的沟通模式就显得尤为重要了。

沟通是多边的，而且投后管理人才是分布式的，不是传统公司的工作形态，而是散落在不同的区域内。在之前，沟通成本很高，一次线下的会聚，花费的人力成本很高。共享经济的前提，其实在于人际沟通成本的大幅度下降。实时的大数据是分享经济的基础技术，也是未来年青一代超越的基础。分享智力成果的成本大幅度下降，这是投后管理人首先就需要解决的问题。不解决这个问题，我们的管理效率就不可能提高。

投后管理团队中的专家来自资本机构。这里有一个假设，也就是投后管理团队能够对被投资企业进行战略指导和战术指导的价值，或者认定团队比被投资企业管理团队具有更高的运营能力。事实上确实需要这样的人才团队，这就是投后管理者需要被称为专家的原因。身经百战而不会出现创新倦怠的人才有资格成为合格的投后管理者。

投后管理专家是一个辅助物种，这是一种比较准确的角色定位。在企业中如无特殊情况，就需要立足于一个后台支持者的角色，作为一个助跑者、助攻者、助守者的角色，而不是冲到最前端。因为一个企业要发展，甚至要繁殖复制自己的子嗣，这些价值体系的生长不是投后管理阶段就能够全面完成的。投后管理团队的高度只是因为企业还处于一个相对不成熟的阶段介入的，而成熟以后，企业就能够自觉实现自己的目标，投后管理作为一个辅助者的使命也就算完成了。

现在资本机构招纳投后管理人才的努力大部分是错误的，事实上全面推进投后管理体系是一个精英体系。全球顶级私募机构所能够吸纳的管理专家数量也是有限的，所以对于一个新的机构来说，想要推进全面的投后管理模式面临巨大的挑战。

基于对企业投融资市场的全面数据梳理，智和岛认为投后管理的服务对象其实是整个企业投融产业链。

其实，投后管理是一个普遍的需求，而不仅仅在于风险投资和私募资本领域。实际上，风投和私募资本在新创公司早期总投资中所占的比例还不到两成，企业产业金融资本占据更大的比例。投后管理模式能够全面支持新创企业，需要在治理过程中建立一个创新的架构，让好的管理人才能够服务于新创企业。

投后管理和战略咨询领域的从业者需要思考的问题：投后管理如何成建制地取得人才的支持？没有大量的人才聚集，投后管理就很难成为这些新的资本机构提供竞争力的主导模式。能否建立一个机制，让大量具有大组织治理经验的人服务新创企业，这关系投后管理能否取得成果。投后管理团队进驻企业，需要解决企业战略摇移，经营倦怠和实战运营过程中的问题。这三个问题是新创企业普遍遇到的问题，投后管理专家需要在这三个方面做辅导工作。

当企业的管理团队看不懂一些正在发生的事实时，这就需要投后管理者提供正确的战略路径，避免出现战略级别的误判。王小川说："尊重用户需求，不要妄下结论，对于神秘事件要有更多的包容和接受，也许一不小心就挖出更大的规律，找到新的破题方案。"投后管理的一些问题本身在特定的圈层内是无法解决的，需要专家引导团队进入相邻领域或者更高一层的层级，才能够解决。对于企业经营，碰到棘手的问题，往往需要更高的视角，才能够发现做事的真相。

对于国内投后管理引领创投领域的企业实现破局，笔者认为需要三个层次的资源网络的构建。

第一个层次，建立投后管理网络社区。通过线上轻咨询服务的方式进行投后管理服务，这是一种平台化的模式，可以将多元化的服务资源聚集起来，形成专业社区，对多层次的需求进行筛选，达到投后管理资源和创业者的连接。

对于私募资本而言，对已投企业项目团队的互动过程是连续性的。作为投后管理机构，必须要有一个投后的实战训练系统和方法库系统。大量投后管理专家在辅导项目的过程中，所得到的经验和教训能够成为所有人共享的知识体系。资本需要成为能够抱团学习并实践的学习型组织。

第二个层次，继续沿用孵化器和加速器模式。举办线下训练营，按照私董会程序，对于企业进行线下投后管理服务，在投后管理导师的指导之下，开展有针对性的经营诊断。

投后管理不需要对整个经营盘子进行细节掌控，而将主要的精力用来辅佐核心团队，而不是所有的人员成长。前文已经说过，投后管理是精英体系。既然是管理团队的外挂系统，或者直接是管理团队的一员，那么在功能上来说，在组织定位上还应该是组织的大脑和神经系统。至少起到一个平衡系统和稳定器的功能。说到底，这还是精英推动精英的游戏。

第三个层次，也是重咨询模式，即组织合适的投后管理团队进驻企业，和创业团队一起工作。在战略咨询和管理工具导入上，进行精细化服务。中等规模的创投企业要发展成为大型企业，在管理系统和战略系统上都需要一次蜕变。这都需要深度的投后管理服务，要求本土的管理咨询公司能够提供已经验证的管理流程。

投后管理要提升有效性，需要保持自己的工作有限性。无限的工作状态会让投后管理专家成为企业的保姆，成为保姆和成为教练的角色是不同的。投后管理有一个重要的工作原则，就是假他人之手来做具体事务，自己能够时刻保持一个旁观者的地位，一旦旁观者的角度失去了，也就失去了对企业具体大环境的观察能力。

4. 创业团队的价值共识与心智管理

一个好企业肯定是一个能够协同向前移动的整体。管理者一个非常重要的工作就是让整个团队凝聚起来。人与人之间是一个榫卯结构，相互之间互留接口。团队不是团伙关系，团队是在现代公司制基础上组织起来的商业企业。能够创新才符合企业的定义。

凝聚力意味着企业之间的成员是相互认同的，基于对人的认同才能够认同对方所做之事。协作是能够背靠背的，这才是一个团队。

在以往的企业文化中，企业团队成员之间就是一种同事关系，在创新型团队和文化创意企业中，其实人与人之间深度沟通和交往才能够激发更多的创造力。同事之间的激励和影响，其实能够带动人才的价值贡献。

德鲁克在谈及通用汽车斯隆在管理企业的时候，就将自己作为一个纯粹的管理者，不和企业内的任何人交朋友，甚至不涉及私人领域的问题。这当然也是一种管理方法。"二战"后一段时间，管理确实强调是一部机器在运作。

其实，标准化的工业企业管理需要表现出自己的机械性，到今天也是一样。但是在这个瞬息万变的时代，所有的成熟系统稳定性几乎都失去了，有些企业需要更加关注人的成长性，开始强调凝聚、协作和创造了。这种凝聚力使得企业需要人与人之间进行更多的创新型协作。知识人才的创造力发挥出来，就需要不同专业、不同领域的人才能够实现聚合，聚合才能够产生聚变。

笔者对于企业的管理、团队成员之间的凝聚力的形成，有自己的想法。其实这更加符合网络时代企业的特征，团队成员渴望被尊重，渴望在企业内找到更多的归属感。如果一个企业将自己的团队管理变成了宫斗戏，这些企业是无法完成价值创造的，这拉低了企业团队的层次。

好企业和好团队是有激情的，有激情的团队是活力四射的，这是一种软性的文化。我想一个投资机构进入企业做尽职调查的时候，能够感受到这个团队是有能量的，能量维度是判断企业是否有价值的一个重要的视角。因为激情这个东西，不仅能够凝聚团队，也能够连接用户。

笔者认为，团队凝聚力可以是团队成员关于情境的理解与反应趋向一致的过程，既然一致了，说明这个团队是值得依赖的。通过非工作交流、交往，使团队在工作外形成一个社会圈子，其凝聚力也是会形成的。在工业时代的标准化过程中冷下去的东西，我觉得在知识经济时代需要重新温暖起来。员工的家庭、工作困难，领导者应该作为自己的问题来对待，组织团队的力量共同面对。这是塑造团队凝聚力的绝好媒介。

公司的内在逻辑是一个人的协作体，是拥有不同专长的人聚在一起共同实现利益的地方。好的公司是能够成就人的。公司最后的价值保障即是保护团队成员的利益。这也是产生凝聚力的基础。团队可以是投资股东的关系。既然是股东，那么就应该同舟共济。

公司的凝聚力其实就是参与上了。不参与就是局外人，参与了公司的很多变革流程，克服了很多困难，人与人之间共同创造了冲浪般的体验，就有了很多共同的东西。我觉得未来管理不仅仅给用户体验，自己团队也需要产生好体验。以股东的身份参与企业决策、利润分享，并承担经营风险，员工自身利益与企业利益更大程度地保持一致，这样的企业当然就有凝聚力了。

5. 保持良好沟通，信任最重要

人际关系和沟通是战略级别的问题，而不是一般问题。投资成功和失败，与沟通有效性非常大。误会引起冲突的情况，在被投资企业和资方是最常见的。很多投资项目的失败，都是沟通失败造成的。

对于投后管理团队来说，服务于一个企业的流程，其实主要工作都是沟通工作；投后管理自身组织管理问题，其实也都是沟通工作，沟通工作必不可少，沟通的质量决定了做事的效能。所以从某种程度上来说，沟通也是生产力。

我们有必要建立一个完整的多边沟通机制，并且构建一个投后管理沟通模型。首先，私募资本以及全球资本界对于投后管理并没有做系统深入的细节研究，并且形成良好的工作模式。钱，资本已经投给企业了，那么投后管理就不是以钱为核心的。投后管理需要解决的问题，往往是人的问题和事业本身的价值问题。人的问题需要沟通，事业本身的价值问题也需要沟通，沟通是投后管理的工作方式。

从沟通的价值去思考，我们来定义一下投后管理工作的本质。前文中我们已经深入说明了一个问题，投后管理组织者不见得就比企业管理团队更加优秀，资本方在把握企业的经营决策权的过程中，不见得比企业管理团队做得更好。如果双方都很自信自己的选择和决策，那么如何面对这样的分歧？或者，双方对于市场的判断都有问题，那么又由谁来将企业拉回到正确的发展轨道上？

我们认为在面对市场时，任何管理行为都必须剔除主观因素，比如过分自信和不自信的问题，基于一种共同需求，寻找最优决策的目标需要成为共识。人际关系中有太多的个人情结显然不是管理者希望看到的。而这都需要建立一个良好的沟通机制，所有的工作都是为了提高决策的质量。

既然投后管理专家也不一定是最优秀的。任何人提供的建议都可能具有局限性，那么在实际工作中，我们将投后管理理解为智力运输的通道。这种定义很好理解，即能够让最善于决策的人才群体帮助企业做决策。对于征战在优质企业一线的决策者来说，他们对于事物的判断其实很迅速。即使在大数据时代，直觉的重要性并未受到影响，这些具有丰富经验的人提供快速的基于直觉的意见能够更好帮助新创企业来完成决策任务。创始人和管理团队能够深度分析这些人士的判断，根据相对立的意见来决定下一步的行动。

华为公司创始人任正非认为："华为最大的浪费就是对经验的浪费。"在本质上，任正非认为华为最大的管理问题和挖掘潜力的方向就是知识工作者的管理。

投后管理其实正在实践管理学中一个重要的难题，也就是彼得·德鲁克提出的知识工作者的管理问题。这位管理学者认为，未来经济体之间的竞争，最重要的管理模式就是如何驱动知识工作者，并且提高他们的工作效能。哪个国家和经济体在这一个问题上取得成效，谁就能够成为未来社会的领导者。未来已经很清晰了，中国这样的国家能不能成为全球具有引领能力的国家，取决于这个国家知识工作者的沟通效率和做事效率。如果从这个视角去看待投后管理机制的设定，那么促进杰出人才之间的沟通，并且提供一种工作模式，事实上可以成为国家课题。

提高团队的沟通和协同能力，是企业管理者一个非常重要的治理任务。团队的协同能力一直是管理面临的挑战。所有企业的衰败其实都或多或少地跟协同有关。

企业必须先做好自己团队的内部协同，协同意味着成员之间能够更灵活、更敏锐、更随需的相互协作能力，这是能够培养的。好的企业必定有一种很好的协同文化，这是一个习惯。不仅能够对内驱动组织运营，对外也能够形成一个既竞争又互补的未来共生生态，或将更具竞争力。

一个优质企业是能够输出管理的，而输出管理的方式其实就是一种优质的协同文化。

协同不仅是协作具体的事情，这是一个"由思想到行动"的完整的互动的过程。优质的创业企业中，协同之前都是认同，认同会自动转化为维护大局的自觉行动。协同是要谈有效性的，动力方向需要一致。动力的不一致是导致"协而不同"的第一个重要原因，其结果是难以形成合力。

好的团队不是普通的火车，火车是靠火车头带的。协同能力好的团队采取的是高铁模式，每一节车体都是自带动力的。可能团队协同的能力有大小，所以会影响协同的进程。所以协同其实需要一个协同主导者，来对项目流程进行把控。

投后管理服务，作为连接投资者与创业者之间不可或缺的桥梁，它更像是一种精心调配的黏合剂，黏合着各方之间的信任。在创业团队中，信任如同灯塔，指引着团队穿越风浪，共同驶向成功的彼岸。建立在深厚信任基础上的协作，不仅能够促进信息的无障碍流通，激发创意的火花，更能在面对困难与挑战时，凝聚成一股力量，大大降低企业内部因猜疑和误解而产生的人际摩擦成本，使团队能够专注于目标，高效前行。

对于每一位创业者而言，他们不仅是梦想的追逐者，更是团队精神的塑造者。在领导企业破浪前行的过程中，维系并强化这种基于信任的合作关系显得尤为重要。它要求创业者不仅要具备敏锐的市场洞察力和果敢的决策力，更需拥有宽广的胸襟和深切的同理心，能够在胜利时与团队成员举杯同庆，分享喜悦；在遭遇挫折与失败时，能够挺身而出，与团队并肩作战，共同寻找出路，甚至不惜一切代价，确保团队不散，信念不灭。这样的团队，才能在逆境中展现出惊人的韧性和战斗力，最终跨越重重困难，抵达成功的彼岸。

6. 企业融资之后的管理策略

对于一些团队来说，没有融资时，就是埋头干活，一旦有了融资进入，就一脚踏进犯错的门槛了。对于没有思考整体性的创业团队来说，没有钱不会坏事，一有钱就坏事了。

控制资金流对于企业来说是极其重要的一件事，创投企业在融资之后，需要立即让外脑介入运营系统。外脑是资金使用的向导，在和创业团队的接触中，会要求团队在动用大笔资金之前保持一定时期的冷静期，绝不能和一些书本上说的那样，拿到钱就争分夺秒把钱花出去。过去十年，无数创业者就是在疯狂烧钱过程中，让自己无路可走的。

其实，企业的错误是犯不完的。这个社会最大的浪费其实就是创业方向错误导致的资源浪费，动辄百万元、千万元甚至若干个亿元的损失。因此，这是创业融资成功之后，第一件事就要找外脑参与经营的原因。

一些创业者期待的外脑，就是能够给自己出点子。我们看华为这么多年的发展，就会发现，在华为的整个战略管理变革的时间段里，一直和全球外脑进行战略协作。几乎每一个企业的运营的关口，都有一家全球外脑公司，在和团队一起作战。有些外脑团队陪伴了企业运营团队连续好几年的时间。

在变革期内，华为同时保持着和全球十几家外贸公司进行协作，为此付出了高昂的费用。据统计，华为在管理变革和战略变革的过程中，付给全球外脑的费用大约在300亿元。我们需要理解一个问题：为什么像华为这样的公司愿意出巨额的费用来聘请外脑进行持续协作？创业者需要自己去想清楚这个问题。当找到答案时，就知道外脑在整个企业发展过程中的一个同盟军的作用。

回到具体的场景。当创业团队融到一笔资金后，有一个冷静期是非常明智的做法。我们就服务过一个创业企业，这家企业拿到了6500万元的资金，团队很兴奋，准备按照既定的方案大干一场。我们收到投资方委托，进入公司，进行沟通。我们和团队达成一个共识，冷静期为一个月，按照融资前的运营系统继续前行，同时，我们和核心管理团队针对目标市场进行了为期一个月的详细调研。我们走访了潜在客户、行业专家和竞争对手，收集了大量的一手数据。通过对这些数据的分析，创始人一开始还在坚持自己的扩张路径，但现场反馈的信息都验证之前想法的偏移。

对此，在调研周期结束之后，我们一起调整了方向，创始人在一次简单晚宴上跟调研团队说："你们救了企业一命。"然后，在公司的会议上，他说："团队融到资金后，我和团队因为兴奋和对未来的乐观预期而产生了冲动决策的倾向。在冷静期内，团队可以和智和岛重新审视之前的计划和决策，避免因一时的热情而做出不理智的投资或扩张决策。"

我们在调研过程中，发现了市场中的一个未被满足的需求点，产业赛道从100亿元扩展到3000亿元的空间，创始人因为自己生活方式的原因，之前不理解这个新市场。调研对象还帮助引荐了合作企业和资源，我们和团队一起有针对性地调整了产品策略。结果，产品推出后迅速获得了市场认可，销售额大幅增长。而原来，他们的目标就是招聘大量人员、投入市场营销费用，迎合了企业本来的发展惯性。这些冲动行为可能会给后期带来严重的财务和管理问题。

而在业务转型后,企业也并没有动用大量的融资款,主要原因在于,业务收入已经进入正轨了。而接下来,我们和团队就建立了第二个共识:融资得来的资金应该用在最关键的地方,以实现公司的可持续发展和增长,即建立护城河,对标应用市场的最强对手进行对标找差距克服瓶颈。我们得到的一个路径,否定了之前大量招聘一般员工冲业绩的模式,而是盯着顶尖人才挖人,建人才池,在产业链上建立自己的领先优势。投资方看到了我们的行动方案,非常支持,认为创业团队是少花钱办大事的团队,增进了信任关系。

创业团队为人才安心落地建立了激励机制,设立绩效奖金、股权激励等,让团队成员与公司的利益更加紧密地结合在一起。不是通过人管人去做推进高端工作,而是让他们有自己的工作动力。融资成功并不意味着风险消失,激发人才,将成果贯彻进入运营系统才是真正的抗风险能力。

这套发展模式发展下来,企业创始人和团队的认知都发生了很大的变化。笔者觉得最大的变化,就是创始人和我们外脑团队达成了一个共识:绝不搞资产的重复建设,融资不仅是为了扩厂房、买土地、办设备、招员工,这些资源需要用整合思维来解决,能够组织到的非核心资源,企业一定不要动用有限且宝贵的融资去置办,这些事情要通过构建供应链来解决。

这家创业企业根据外脑和自己核心成员一线调研客户获得的反馈意见,他们对商业模式、盈利预测、市场推广策略等方面进行了全面优化。同时,他们还制订了详细的阶段性目标和执行计划,确保每一步都有明确的方向和可衡量的指标。经过完善后的商业计划更加务实可行,为公司的后续发展提供了有力的指导。

创始人具备很强的学习能力,能够被说服,按照经营数据和客户反馈回来的问题，在经过和外脑团队的磨合之后，认定发展路径，那就是和外脑真诚协作，招聘高端人才，建立技术和商业模式护城河，打造竞争壁垒，将这些工作转变为核心工作。

智和岛在和不同客户互动的过程中，会和团队一起进行一种类似压力测试的运营模拟。在这个过程中，团队可以共同讨论资金的使用计划、分工协作等问题，增强团队的凝聚力和执行力。通过逆向思考来测试企业在面对一些极端情况时，所能够采取的应对措施，以检验系统的稳定性和应对能力。通过压力测试，运营及时发现了系统中的漏洞，并进行了改进，为公司的正式运营做好了充分准备。

第七章
创业公司持续融资与发展

1. 创业公司需要像独角兽一样思考

对于想要进行资本运营的企业而言，想要做一家小而美的企业，那基本上与资本市场是无缘的。

对于想要进行持续融资的企业，他们的行事方式就要像独角兽一样思考。企业创始人思考的问题，就是如何在短时间里将企业做大做强。要让企业生存下去，既要有质量也要有规模，要在主流的产业赛道中保留自己的产业地位。

笔者在与一些创业者交流时，首先就要求这些想要获得投资市场青睐的创业者，放弃以前的那套思维方式，成为一个拥有资本思维的创业者，也就是能够站在资本的角度思考自己的创业过程。这样的创业者往往能够在市场中容易融到资金，也能够和资本投资机构形成默契的合作关系。

获得持续融资的企业，往往能够创造巨大的市场价值，成为被资本市场看到的创业新星。

这对创业团队也提出了很高的要求，创业团队对行业要有深刻的洞察能力，自己挤占的赛道空间必须足够大；他们能够对核心的工作有战略排序的能力，知道先干什么后干什么；根据现实做决策，不懈怠，但也不超越发展的阶段，去做不可能完成的事情，让公司有持续的运营能力驾驭企业的内外环境；企业有非常强的执行能力，整个企业有一种斗志，不惧怕市场上的任何一个竞争对手，敢于在主流市场进行直面的竞争，同时，这个团队还有足够的风险的预判能力，对于不确定的市场变化，有自己的应对方案。

对于想要获得持续融资的企业，当然要说资本爱听的话，更重要的是知行合一，按照"独角兽"的思维方式和做事方式，开展自己的行动。这样的语言逻辑和行动逻辑，在与投资机构的接触中，很容易获得投资机构的理解，要让投资机构觉得你是他们正在寻找的投资对象。

一些"独角兽"公司往往利用价值创新的独特性，以及非常强的市场推进能力，来证明自己的。在三年之内将企业的估值推高到10亿美元确实是不容易的事情，因此，创业者要学习"独角兽"公司的做事逻辑、做事方式，以他们为标杆，展开快速行动，要有一种"拼命三郎"的精神。

企业要善于讲述自己的梦想和故事，既要会干也要会说，让资本能够感受自己的存在。这样的做事方式，创业者即使做不了"独角兽"公司，但也会给投资者留下深刻的印象，在创业的过程中，能够保持自己的影响力。

"独角兽"公司深刻理解并聚焦用户需求，以用户为中心设计产品和服务。他们通过深度市场调研、用户反馈循环和快速迭代，不断优化产品体验，确保产品能够精准满足甚至超越用户期望。

笔者在与创业者交流时，要求他们清楚价值排序，要理解为什么独角兽的创始人开口闭口都讲用户价值。因为企业的发展质量和规模是由客户决定的，企业不能自己决定自己。拥有世界一流的客户，意味着我们就是一流的企业。拥有什么样的用户规模决定了企业会成为什么样的规模，因此用户导向企业的内部管理以客户为中心，要像商人一样思考。这就是投资机构希望从创始人口中得到的回答。

"独角兽"公司往往有冒险的勇气，敢于去尝试新事物，要么进行系统的技术创新，要么进行系统的商业模式的创新。他们不拘泥于传统模式，勇于探索未知领域，通过技术创新、商业模式创新或两者结合，解决行业痛点或创造全新的市场需求。

这种创新思维是驱动公司快速增长的核心动力。还有一个特点，这些"独角兽"公司创新的节奏非常快，他们能在很短的时间里做大量的事情。独角兽公司强调"小步快跑，快速迭代"的策略。他们鼓励团队快速试错，从失败中学习，并迅速调整方向。这种敏捷性使得公司能够迅速适应变化，拉开与竞争对手的距离。

从对中国和美国典型的"独角兽"公司的观察，新晋的"独角兽"公司基本都是数据驱动决策的组织形态。这些公司非常注重自己的管理工具的先进性。他们除了在自己的专业领域做到领先之外，在互联网和人工智能领域，往往都率先建立数字化的组织，能够充分利用数字公共设施带来的时代成果，让自己成为一个实时了解全球市场的企业。

"独角兽"公司注重数据收集与分析，利用大数据和人工智能技术来指导决策过程。通过数据洞察市场趋势、用户行为和产品性能，公司能够做出更加精准和科学的决策，优化资源配置，提高运营效率。

和"90后""00后"的创业者进行交流时，就会发现他们和上一代的创业者有普遍的区别，这一代的创业者普遍具备全球化视野。他们在设计商业模式和市场空间时，往往具备全球化视野。他们不固守国内市场，只做14亿人的生意，他们认为至少要做40亿人的生意，才能够支撑企业成为下一代的企业。他们在成立之初就具备全球化的视野，所以在组织资源的时候也自然是全球化的团队，致力于在全球范围内拓展业务。它们利用互联网和跨境合作的优势，打破地域限制，实现资源的全球配置和市场的快速扩张。

"独角兽"公司往往有一位拥有社会影响力，并且拥有热情的创始人。他不仅能够影响自己的团队，也能够影响自己的用户。公司拥有强大的团队和企业文化，这是一个价值观驱动的组织。他们确实相信自己能够通过自己的商业行为让世界变得不同。

"独角兽"公司往往聚集了一批充满激情、才华横溢的团队成员。他们注重团队建设和人才培养，营造开放、包容、创新的企业文化氛围。这种团队凝聚力和企业文化是公司持续发展的重要保障。这种文化氛围也能够带动新的员工快速融入公司的文化，并且以在这样的公司工作为荣耀。

快速发展的企业往往给人以制造估值泡沫的感觉。务实的"独角兽"公司，除了短期冲锋，获得产业地位，他们也一样坚持长期主义。在追求快速增长和可持续发展之间，他们会找到一个最佳的平衡点。敢于和竞争对手去抢成熟市场的成果，也敢于去抢未来市场的成果。因此，他们注重长期规划和战略布局，致力于构建可持续发展的商业模式和生态系统。

"独角兽"公司的思维方式和做事方式体现了高度的创新性、用户导向性、敏捷性、数据驱动性、全球化视野、团队凝聚力和长期主义精神。这些都是应该借鉴的系统性经验，这些特点共同构成了"独角兽"公司独特的竞争优势和成长动力。我们之所以想要创业者像"独角兽"一样去思考，是因为他们思考的都是创业企业做强做大的原问题。对于其他的创业者来说，创业就是实战。如果在市场中已经有最好的答案，那么在这些原问题上，可以快速地抄作业，应用到自己的团队中去。

2. 创业公司需要战略财务

创业企业是一个商业组织。做专业的人，做事业的人，需要和做财务的人进行思维的融合，按照商业的本质来做事。

笔者就主张创始人需要战略财务总监形成一个组合，来面对资本市场，提供持续融资的计划。在持续融资的领域，将它变成一个职业化的行为。同时，用战略财务的思维方式，来和企业的运营系统实现同步，防范财务风险。在企业的发展阶段，做力所能及的事情，这就是战略财务的价值和意义。

企业要有全局性的战略财务规划，以全局性的战略财务规划来看待企业业务系统的发展，以及对企业过去积累的资产、现实的业务和未来的发展，进行一个系统的平衡，并在战略财务的框架下，将以客户为中心的发展的目的，变成企业管理流程的一部分。

我们知道创业企业一个重要的特点就是极高的增长速度。创业企业要想在融资市场获得青睐，公司的业务和业绩必须亮眼。这些公司往往在短时间内就能实现用户量、收入和市场份额的迅速扩张，并且可以得到一个高的估值。这个高的估值需要市场的业绩来证明，而作为经营者，知道企业如何分配自己的资源，如何实现高速增长，这不是普通的会计核算能够解决的问题，而是战略财务需要解决的问题。兵马未动，粮草先行。

战略财务的第二个功能，回到了作为战略执行总抓手的角色。在其他的企业里面，这样的战略执行往往是由 CEO 负责的，更好的战略执行实际上是战略财务的责任。

好的创业公司通常有着强大的创新能力，无论是技术创新还是商业模式创新，它们在技术方面提出颠覆性的方案，在商业模式方面可以进行改变市场竞争格局的实践，解决行业痛点和创造全新的市场需求，能够引领行业的变革。

创业企业目标和成果要想战略执行下去，企业每向前一步，就要把现实业务的预算和未来战略创新的预算提前做出来。可持续的创新，需要有可持续的战略预算进行支撑，需要站在未来管理现在。

战略财务是可以进行战略管理的，而战略管理的手段就是通过编制预算来完成。我们经常说战略就是取舍，战略就是专注，战略就是做正确的事情。财经常识告诉我们，如果做一件事情没有好处，那么谁也不会去做。同样，在企业中，如果做一件事情没有基础的预算去支撑，让员工自掏腰包去完成一件事情，这件事情也是没办法推进下去的。因此，我们说企业所谓的专注，其实就是战略财务和财务领域需要专注。钱在哪里，人就在哪里。通过战略财务去实行聚焦管理，专注于某一个最擅长的领域，这是最简单的控制指导。

虽然优秀公司的影响力可能跨越多个领域，但它们通常从一个特定的市场或领域切入，并在该领域精耕细作，建立竞争优势。这种专注使得它们能够深入理解用户需求，提供更加精准的产品和服务。

当我们跟创投企业说管理的时候，一定要找到这个主抓手。抓住了关键的部位，就能够实现管理的联动。

笔者觉得战略财务就是这样的主抓手，这是一个承上启下的管理部门，既涉及企业的战略执行，也向上深入到企业的价值观和使命，企业必须通过战略财务来实现企业的总目标。

好的创业团队通常聚集了一批高素质、高技能的团队成员，这些团队成员具备丰富的行业经验和专业知识，能够为公司的发展提供有力支持。同时，他们也注重团队合作和协同创新，共同推动公司的快速发展。

战略财务能够设定这家企业的人才薪酬水平在全球的竞争力。企业的薪酬水平不能放在成本会计的手里边，而应该放在战略财务的规划中。其实只要通过仔细观察就会发现，像中国的华为，其员工的薪酬水平即使放在全球也是有竞争力的。同样地，在其他发展中国家，如印度的塔塔集团，其员工和人才的薪酬水平也是全球水平。战略财务的观点，就是把人作为创造力的源泉和创新的源泉，将人作为资产在运营，这就涉及到企业的价值观，如何构建企业当中人与人的生产关系的问题。

在本书中，我们要了解企业的运营管理，同时也要了解创投资本在现代创业中的重要价值。一流的创投企业，既是知识密集型企业，也是资本密集型企业。战略财务能够为企业的发展提供可持续的融资计划，也提供可持续的投资计划，融资和投资的过程贯穿了这些优秀企业的整个运营过程。

优秀创投企业通常需要大量的资本支持，才能够实现快速增长和扩张。这些公司往往通过多轮融资来吸引投资者，为公司的发展提供充足的资金支持，同时，它们也注重资本运作和风险管理，确保公司的稳健发展。

企业的管理团队依托战略财务进行管理，通过编制财务计划，就可以知道维系一个企业到底需要花多少钱。这也让企业的管理团队开始反思这些钱从哪里来，因此要把管理的力量放到企业的业务运营的领域，并且要把业务运营的领域运营成一支铁军。没有这些收入，企业就没办法做战略预算，因此这是战略发展对于业务部门的一种逼迫。在一个运营正常的企业中，这种逼迫的力量是存在的。没有压力，就没有动力，这句话在管理学上是对的，有了动力出了成果又要回到战略财务，分配好这些成果。让那些能够创造市场价值的人，赚到更多的钱。在一流的企业中，这个路径是一定要打通的。

更精细的战略财务管理，其实能够管到企业中的每一个人。企业一手给出企业本身的预算，另一手就要求这些员工能够在这个预算上作出承诺，预算和承诺是一体化的事情。

当然，战略财务的发展，有一条是要坚持的，就是要保持高度适应性和灵活性。好的创投公司，能够快速适应市场变化和技术变革，灵活调整战略和业务模式。它们善于从失败中吸取教训，不断迭代和优化产品和服务，以满足用户和市场的需求。在企业碰到关键挑战的时候，能够把企业的资源集中起来，完成突破瓶颈的任务，这样的事情也只有战略财务管理能够去完成。

很多中小企业的管理者可能不知道，战略财务管理的水平其实决定了企业能够走多远，走多久，做多大。一家战略财务管理水平很高的企业，就能够很好地利用资本，因此也能够发展起来，因为战略财务的管理是大企业的标配，也是资本希望创投企业拥有这项管理能力。

3. 如何制订持续融资计划

多年以来，我们在做企业战略咨询和管理咨询的过程中，第一件事就是向管理团队要求能够看他们的财务报表。我们将过去几年的财务报表梳理一遍，评估企业现有的财务状况，包括资产负债表、利润表、现金流量表这些关键的财务报表。

我们也逐步养成了这种习惯，就是在和投资者进行对话的过程中，每做一次文字描述时，尽量会去补充我们得到的数据，用数据来将一个企业描述清楚，这就是财经语言。财经语言本质上是一种数学语言，和我们生活中的话语不一样，这些由数字组成的企业的评估系统，即使经过1000个人的手，其主要的信息也不会衰减。财经语言是投资资本能够听懂的话语，因此，创业者在进行持续融资的时候，务必用同一种语言对话。

创业者跟我们交流时，我们期待的高效对话，每一句对企业的描述需要给出自己的数据。如企业的财务部门有几个人，这几个人负责什么样的事情，做了哪些事情，成本会计做了哪些事情，战略财务做了哪些事情，需要很清楚地表达出来。

借助资本实现赛道胜出的企业,其运营模式其实也很简单。做大业绩,进行融资,融资以后,继续做大业绩,直到成为一个规模企业,占据一定的产业地位,成为赛道中一个有影响力的品牌。

对于投资者来说,需要看到一个健康的可持续发展的企业。制订一个全面而有效的持续融资计划,是企业稳健发展与扩张的关键所在。这一过程不仅需要对企业当前的财务状况进行深入剖析,包括现金流状况、资产负债健康度、盈利能力及债务水平等,以确保融资需求与企业实际承受能力相匹配。同时,还需紧密结合业务发展的长远规划与短期目标,明确哪些项目或战略扩张需要资金支持,以及这些资金将如何促进企业的核心竞争力提升和市场份额扩大。投资者当然想要知道这些,已经接受投资的创业团队,需要思考在市场透明的情况下,自己的财务数据和经营活动透明的情况下,也能够保持竞争力,这对创业团队提出了更高的要求。

想要拿到连续投资,企业的思维一定要清晰,市场与竞争环境的分析同样不可或缺。了解行业趋势、市场规模、增长率、竞争对手的融资动态及市场接受度,有助于企业精准定位自身融资需求,并制定相应的市场策略,以吸引投资者的注意。

创业团队要站在投资者的视角来思考问题,还需考虑宏观经济环境对融资活动可能产生的影响,如利率变动、政策调整等,以便灵活调整融资策略。在融资过程中,也要考虑整个创投资本的总体运营情况。融资同样需要抓住时间窗口,在好拿钱的时候拿到充足的资金。在明确融资目标与时机方面,企业应设定清晰、可量化的融资目标,如资金额度、用途、预期回报等,并结合企业发展阶段和市场窗口,选择最佳的融资时机。这要求企业具备敏锐的市场洞察力和判断力,能够抓住市场机遇,及时启动融资进程。

创投企业融资的行为本质上是一场交易,是对未来现金流的一种贴现，融资也要看成本的，融资方式与成本的选择也是关键。企业应根据自身情况，灵活选择股权融资、债权融资、混合融资等多种方式，并综合比较不同融资方式的成本、风险、控制权稀释程度等因素，选择最适合企业当前及未来发展的融资方案。同时，需密切关注融资成本的变化，通过优化融资结构、提升信用评级等方式降低融资成本。

融资的成本和资本退出的时间，可能会对企业产生债务风险，因此，风险评估与管理是制订持续融资计划时不可忽视的一环。企业应对融资过程中可能面临的市场风险、信用风险、流动性风险等进行全面评估，并制定相应的风险应对措施。此外，还需关注法律与合规性问题，确保融资活动符合相关法律法规要求，避免法律风险。

能够进行持续融资的企业，其经营团队一定要维系好与投资者的关系。估值管理需要业绩证明。在与投资者沟通的过程中，企业要用事实说话，用数据说话，与投资者建立一种基础的信任关系。投资者关系与沟通同样重要。企业应积极建立并维护良好的投资者关系，通过定期发布财务报告、举办投资者见面会、开展路演活动等方式，增强投资者信心，促进双方的有效沟通。这有助于企业更好地了解投资者需求，调整融资策略，同时也有助于吸引更多潜在投资者的关注。

团队与管理能力也是影响融资计划成功与否的关键因素。企业应组建一支专业的融资团队，负责融资计划的制订与执行。很多事情都是不推不动，只要持续推动，做成事情的可能性就会加大。同时，加强内部管理，提升团队协作能力和执行力，以确保融资计划的顺利实施和资金的有效利用。此外，企业还需保持一定的灵活性与适应性，根据市场变化和企业实际情况及时调整融资计划，以应对未知的挑战。

经营业绩是衡量企业价值最直观、最客观的指标之一。通过财务报表、收入增长率、利润率、市场份额等关键数据，投资者可以评估企业的盈利能力、运营效率以及市场竞争力，从而更准确地判断其潜在价值和未来增长潜力。因此，经营业绩证明是创投企业进行估值时不可或缺的依据。创投行业本质上是一种高风险高回报的投资方式。通过审查企业的经营业绩，投资者可以更加清晰地了解企业的运营状况、盈利能力和市场前景，从而做出更加明智的投资决策。这有助于降低因信息不对称或误判而导致的投资风险。

创投企业（风险投资或创业投资企业）的估值管理确实常常与经营业绩证明紧密相关。对于处于成长阶段的创投企业来说，后续融资是支撑其持续发展的重要因素。而良好的经营业绩证明是吸引潜在投资者和合作伙伴的关键。通过展示企业的盈利能力和增长潜力，创投企业可以更容易地获得后续融资支持，推动企业的快速发展。

还是回到那句话，创投企业的估值管理确实需要经营业绩证明。这不仅有助于准确反映企业的真实价值、降低投资风险、促进市场公平，还可以激励企业管理层、吸引后续融资等。因此，创投企业在日常运营中应高度重视经营业绩的积累和提升，为未来的估值管理奠定坚实的基础。

4. LTC：建立从线索到现金流的完整能力

如果我们问投资者喜欢什么样的创业企业，答案是有共性的，那就是这家企业皮糙肉厚又聪明，企业没有那么脆弱，逢山开路，遇水架桥，碰到问题都能自己克服，遇到风险都能自己度过去，这样的企业往往是投资机构比较喜欢的，其实说白了就是这是一家有韧性、有狠劲的企业。

企业的创始团队禁得起打击很重要。很多世界级的企业一开始只是一家销售公司，但是他们能够在销售的过程中，逐步理解市场，一步步爬到产业链的顶端，这样的企业是值得敬佩的。

在最近几年的一些投资案例中，一些投资人批评创投企业的营销主义，认为营销需要和企业的战略活动、技术研发活动实现配称，这是一个很好的忠告。但实际上营销对于一家初创企业，是非常重要的基础活动。

投资人希望看到创业者能够在复杂的市场情境下，找到一条贯穿企业价值生成的主线。这条主线其实就是一条端到端的能力，包括企业的研发、生产、供应链、采购、人力资源等，所有的专业体系能够串联起来，形成一个整体。这样清晰的经营行为，能够给战略投资者一种信心。

一个善于经营的创业者，能够在运营层面驱动企业所有的资源，绝不浪费资源，也不会过度使用资源。这些企业往往具备自己的经营节奏，不断带动企业的价值增长。任正非说："（经营企业）就像舞龙，有龙头、龙身子、龙尾巴都很协调，这个龙舞得才美。如果龙头舞得很欢实，但是龙的身子和尾巴很重，那龙头舞得越欢，可能后面啪嗒一下子就断掉了。"

以营销带动创新，以客户为中心重组企业的资源。创业团队通过搭建一线营销执行队伍，一边发展业务，一边将用户的需求通过正反馈的方式传递到企业的所有部门，最终形成一种企业的执行方式，即将营销作为创业企业生存的基础。通过满足消费场景的客户需求，来反向调动企业内所有的资源，这样的管理模式，对于一家创业企业来说是一种非常高明且清醒的经营体系。

一个优秀的创业者，会主动选择自己的客户，让自己的客户变得强大，在和客户一起伴生陪跑的过程中，了解客户的需求。跟客户形成一种信任关系，当这些客户在第一时间有需要时，就会想到这家创业企业。这是一种经营的思想，一流的创业者会主动选择一流的客户。

创业者和客户的关系，才是企业的本质关系。因此，一个清醒的创业者，会专注于自己的客户关系管理，能够调动所有的资源经营客户，将真正的客户找到，并且按照他们的需求进行分类。企业对客户的理解越透，在市场竞争当中的优势也就越大。企业在经营管理和战略资源的利用上不会产生偏航的情况。

在之前，创业企业只是知道研究客户的重要性，并没有现成的管理工具可以拿过来用。让企业在决策和战略执行的过程中能够将大部分事情做正确的管理思想，就是从线索到回款的服务流程（Lead to Cash，LTC）。

在创业的早期，天使投资阶段，很多创业团队事实上是游击队。企业掌握了从线索到回款的服务体系，就是从游击队变成了正规军。在这样端对端的管理标准化的过程中，企业能够满足客户的需求，这里的根基就是基于创业团队的人真正地了解客户。不仅了解客户当下的需求，也通过研究和洞察了解客户未来的需求。

在市场中，一个强势的创业者，往往站在广大的用户立场组织资源的人。正是因为深度了解是赛道，深度了解产业，所以能够反手将资本作为供应链的一种资源的提供者。这是价值创造者引领资本的一种表现，拥有这样的管理系统的创业团队，投资者选择了这样的企业，其实就是选择了放心。

LTC 对于创业企业来说，是一场重要的管理变革，意味着每一个业务、每一个客户都是研究和学习的对象。客户的需求需要总结，客户未来的需求需要洞察，整个项目的运营过程需要回顾和复盘，把经验变成整个企业的面向未来的流程的一部分。在这种聪明的迭代中，企业会成为一个智慧型的组织。LTC 也要求创业者向竞争对手学习，把全球的竞争对手放在一个盘子里边考察，一个一个地定标杆，一个一个地找差距，在学习和模仿中超越。

LTC 还要求建立一种开放精神，创业企业不仅要向大企业学习，也要向小企业学习，要找到全球的最佳实践。比如：我们需要定义全球最佳的服务业的实践是什么；定义全球最佳的质量管理是什么；这个世界上有很多人已经提前进行了创造，那就在他们的基础上进行创造和超越。

LTC 对于创投企业来说是一场非常重要的管理升级，它不仅意味着企业能够自我造血，还能够让企业从弱到强。通过研究客户，深度了解需求，企业能够将自己所有的资源组织起来，形成一个合力，在经营效能上，能够得到巨大的提升。这对于企业去进行连续融资，具有很大的帮助。

第八章
投后管理导入与风险防控

>>> 投后破局：投后管理与创业重生之道

1. 面向不成熟系统是投后管理的常态

对于时代缺少认知是资本界最可怕的事情。没有战略，打法落后，注定会一败涂地。相对于拿起新的颠覆性技术和新管理系统的创业者，那些守旧的创业者很可能遭遇失败局面。判断一个团队、一个人，就看他们领导者的时代性。资本是都是跨时空的交换，所以需要入局的人都是生活在未来的。项目的想象空间一般不会超越领导者的认知时空。

对于投后管理，其打交道的人和面对的团队，往往都是从一个不成熟的体系开始的。大部分创投企业，在管理和运营的所有层面，都需要系统的梳理。不成熟系统往往意味着高不确定性、高风险，但同时也伴随着高成长潜力和高回报的可能性。投后管理的核心任务之一就是在这种不确定性中寻找并推动企业的成长机会，帮助企业规避风险，加速价值创造。

我们的战略咨询团队深入企业内部，对市场、竞争对手、企业自身的优势和劣势进行全方位的调研和分析。然后，运用专业的知识和经验，为企业量身定制一套切实可行的战略规划。但这仅仅是个开始，我们会一路陪伴企业，将战略规划逐步细化为具体的行动计划，并协助企业落地执行，确保每一个战略目标都能变为现实。

我们遇到的一家新智造企业，团队虽然拥有创新的技术和产品，但苦于资金短缺，无法将业务做大。我们经过深入的调研和评估，为他们提供了融资与直投服务，成功引入了资本的投资，与资本1∶1直投金额数千万元。同时，利用资源赋能，帮助他们拓宽了销售渠道，提高了运营效率。经过近半年的努力，企业不仅实现了营收的增长，还受到了多地政府的好评。这家企业也成为一家专业化的独角兽公司，正在稳健经营，走上市壮大之路。

对于不成熟系统，投资者不能仅仅作为财务投资者被动等待回报，而需要更加积极主动地参与企业的管理。这包括为企业提供战略规划、市场定位、团队建设、财务管理、法务合规等多方面的支持和建议，甚至直接引入外部资源，如合作伙伴、关键人才等，以促进企业的快速发展。

在投后管理陪跑中，难以导入的服务系统是什么？笔者觉得就是在外部输血停止的情况下，企业具备自我组织能力。这个能力很重要，过了这一关，才能够被称之为一个完整的企业。企业需要一支能够整合资源协同创新的团队。创新是一个多主体参与并分工协作的社会化活动，因此是一种开放式、协同式的活动。不能协同的企业就不能够创新。

协同文化是一种需要各创新主体普遍认同并共同遵守的价值观、行为标准和理念体系。因此，协同文化是协同活动的魂，一旦缺失必将造成协同动力的削弱和协同能力的降低，协同创新活动也就无法实现。

现在的协同文化已经远远突破企业的边界了，一个完整的企业主体实际上一定是一个比较完整的价值链。团队不仅需要成为很好的内部协同团队，也要对整个价值链具有很多的引导能力。创新很少是单一企业团队努力的结果，相反，它是企业间合作的结果，是网络化的结果。

每一个具体的协同都是有主导者的。管理良好的团队不仅能够向上协同，也能够横向协同和斜向协同。当组织的战略方向已经或基本确定，这时候执行力就变得最为关键。我们在观察企业的时候，比较关注这个企业有没有实施协同制度。当协同主导者下达指令或要求后，团队能够迅速做出反应，将其贯彻或者执行下去。

我们在帮助很多企业做管理诊断的过程中，也是将协同管理工作放在中心位置的。因为一个组织能够协同，并且充分沟通了，形势就会慢慢地改变，从而回到管理有效性上来了。

关于投后管理陪跑的问题，需要有长期视角和耐心。不成熟系统的成长往往需要较长时间。投后管理需要保持长期视角，对企业的成长过程保持足够的耐心。这意味着在短期业绩波动或挑战面前，投资者需要坚定信心，持续投入资源并优化管理策略，以支持企业的长期发展。

创业团队遇到的风险多种多样，要有多种预案，包括市场风险、技术风险、财务风险、管理风险等。投后管理需要建立一套完善的风险监控机制，及时发现潜在风险并制定相应的应对措施。这要求投资者和投后团队具备敏锐的市场洞察力、深厚的行业知识以及快速响应的能力。面对快速变化的市场环境和企业自身的发展阶段，投后管理需要保持高度的灵活性和适应性。这包括根据企业实际情况调整管理策略、优化资源配置，以及及时捕捉新的市场机会等。最终，投后管理的目标是实现投资价值的最大化。这要求投资者在推动企业成长的同时，也要关注企业的估值提升和退出路径的规划。通过合理的估值管理、资本市场对接以及适时的退出策略，确保投资回报的实现。

投后管理服务面向不成熟系统进行投后管理是投资领域的常态之一，它要求投资者具备高度的专业性和责任感，以积极主动的姿态参与企业的管理，帮助企业实现快速成长和价值最大化。

2. 配齐要素是投资者的责任

事实证明，优质企业二次创业具有更高的成功率，因为这些拓展的项目建立在成熟的创业人才和强大事业基础之上。好战略加上好打法，并且具有庞大的资源库可以随时调用，这样有利于构建事业新领域。投后管理需要借助这个模型，提高创业团队的成功率。一个好的创投基金，需要将所有的创业团队的行为转化为成熟体系之下的二次创业行为。

投后管理适用的场域，从业务分布来看，作为受托人，都是在接受战略投资者的委托。进入企业和企业一起发展，通过传帮带的方式，把一个不成熟的团队变成一个成熟的团队，将一系列的管理工具贯彻到企业中去实现正常运转。这些工作，如果创业团队自己摸索的话，就会走很多的弯路。

在实践中，我们也喜欢和战略投资者合作。战略投资者，顾名思义，是指具有长远战略眼光，愿意与企业建立长期合作关系，并通过投资促进企业发展的投资者。他们不仅提供资金支持，更重要的是能够带来先进的技术、管理经验、市场资源等，以支持企业的全面发展。这种投资者通常追求的是与被投资企业的共同成长和长期利益回报。和战略投资者进行沟通的时候，他们更加理解投后管理在创投行动当中的价值。

对于如何帮助创业企业配齐必要资源，这是个性化的服务，按照我们的理解，大体上分为四个方面，资金支持、资源导入、治理优化和战略协同。

>>> **投后破局**：投后管理与创业重生之道

战略投资者为创业企业提供必要的资金支持，帮助企业解决初创期的资金瓶颈问题，推动企业研发、生产和销售等各个环节的顺利进行。投后管理者往往是另外一种创业资源的投入者。这就是我们前文所说的非资本资源的投入。

投后管理的机构，往往都自带一个资源网络，拥有丰富的行业资源和经验，能够为企业引入先进的技术、管理经验、市场渠道等关键要素。这些资源的引入对于提升企业的核心竞争力和市场竞争力具有重要意义。

战略投资者可以提供资金，提供一些企业管理运营方面的经验，但是很难渗入细节。投后管理者通常会积极参与企业的治理，通过委派董事等方式参与企业的决策过程，推动企业治理结构的优化和治理水平的提高。这种参与有助于提高企业的决策效率和经营绩效。

在内外关系的协同方面，创业团队往往并不擅长，因此需要更多的协同，特别是关键资源的战略协同。战略投资者与被投资企业之间往往存在战略协同关系，即双方在业务、市场、技术等方面存在互补性。通过战略协同，双方可以实现资源共享、优势互补，共同推动企业的发展壮大。但是如何调取这些资源，能够和创投企业之间形成完美的协作，这还需要投后管理团队深度了解创投企业的真正的需要。

战略投资者与被投资企业之间存在长期利益共享的关系。为了实现双方的长期利益最大化，战略投资者有责任帮助创业企业配齐发展所需的各类要素，以确保企业的持续健康发展。投后管理团队其实就是一个资源的管道，能够将外部的资源引入企业。外部资源是散乱的，需要投后管理团队辅助创业团队把这些资源用好。投后管理者拥有丰富的行业资源和经验，能够根据创业企业的实际需求，精准匹配并整合各类资源。这种资源匹配与整合的能力是战略投资者的重要优势之一，也是其帮助创业企业配齐要素的重要基础。通过帮助创业企业配齐要素，战略投资者能够显著提升企业的核心竞争力和市场竞争力。这不仅有助于企业在激烈的市场竞争中脱颖而出，还有助于实现双方的长期共赢发展。

帮助创业企业配齐要素是战略投资者和投后管理者的责任之一。投后管理团队不能作为创投企业的雇佣军出现，而是一种利益相关者，在制度层面，这样的关键构建还在探索中，需要用新的价值衡量体系来整合投后管理服务。

3. 实时和预判投资项目风险

投后管理团队最主要的工作就是将创业团队拉回到务实前行的道路上，防范经营中出现的各种风险。创业初期，团队需要经营常识，尽量少犯错误，一次将事情做对，否则做错的事情会积累下来，形成破窗效应，最终形成经营风险。

在创业过程中，创业团队首要且最为核心的任务，便是精心策划并实施一套科学合理的资源分配策略，以确保资源都能被投放到推动企业发展的关键领域。

资源分配的平衡，不仅是对资金、人力、技术等显性资源的合理分配，更在于对时间、精力、信息等隐性资源的有效管理。这要求团队领导者具备敏锐的洞察力和战略眼光，能够准确识别企业当前的发展阶段、市场定位及未来趋势，从而制定既符合实际情况又具前瞻性的资源配置方案。在此过程中，团队内部的沟通与协作显得尤为重要，它能够促进信息的自由流动与共享，帮助每位成员明确自身职责，减少资源浪费，提升整体效能。

投后管理团队和创业团队最早接触的时候，往往也是从资源纠偏入手。比如，企业营销部门偏小，研发部门闭门干活，这些问题都很具体，但企业一旦进入一个光投入但没有产出的恶性循环后，看着每个人都在卖力地工作，但一样会带来危险。就像一个有孔的水袋，里面的水会流光的。

平衡并不意味着平均主义。在资源相对有限的情况下，创业团队还需具备从平衡中找出优先事项的能力，即"重点突破"的策略。这意味着团队需要聚焦于那些能够直接推动业绩增长、提升品牌竞争力或解决核心痛点的关键环节。比如，在产品研发阶段，可能需要集中资源攻克技术难关，确保产品具备市场竞争力；在市场推广期，则需加大营销投入，迅速扩大品牌知名度和市场份额。通过重点突破，不仅能够快速取得阶段性成果，增强团队信心，还能为后续的全面发展奠定坚实基础。

企业防范风险的方式，还是要建立实时的数据呈现系统。让创业者能够实时掌握企业内所有部门同时发生的数据，对于创业者的管理能力会有很大的支撑作用。感知每一天经营业务的数据，在创业者心中就能够建立一个"全息的孪生企业"，这样做的好处就是能够及时发现企业出现的失衡苗头。

比如，一家知名的美妆企业，其有6000家门店，在管理中心的大屏上，一分钟就能够看到所有门店销售的产品的品类情况，这样的实时管理，对于创业团队掌控企业，具备极大的借鉴价值。每一天都能够迭代一次经营数据的企业，能够快速发现问题，这就是实时管理的价值所在。

创业团队还需警惕"短板效应"对企业发展的潜在威胁。正如木桶原理所揭示的，一只木桶能装多少水，取决于它最短的那块木板。在企业管理中，任何一个环节的薄弱都可能成为制约整体发展的因素，甚至引发系统性风险。因此，团队在追求重点突破的同时，也要注重短板问题的及时发现与解决。这要求团队建立起完善的监控与反馈机制，定期对各项运营指标进行评估，及时识别并纠正偏差，确保企业运营系统的持续稳定与健康发展。

投资活动本质上伴随着风险，尤其是在初创企业和成长型企业中，市场、技术、财务、管理等多方面的风险更为突出。投后管理团队通过专业的风险评估和预判，能够及时发现潜在问题，为投资者和被投企业提供预警，减少因风险暴露而导致的损失。

投后管理团队在投资生态系统中扮演着至关重要的角色，其核心功能之一便是实时和预判投资项目风险，并协助创业团队有效排除这些风险。这一功能不仅体现了投资机构的专业性和责任感，也是保障投资成功、促进被投企业健康成长的关键环节。

当然，创业团队也是有个性的，在实际提供投后管理服务的过程中，也有团队不合作的现象，对于明显的经营风险，创业者却感知不到，不能够采取措施进行修正。

投后管理团队在履行这一职能时也面临诸多挑战，如信息不对称、资源有限、创业团队配合度等。为了有效应对这些挑战，投后管理团队需要不断提高自身的专业能力和服务水平，加强与创业团队的沟通和协作，同时积极寻求外部资源和支持，以形成合力共同推动被投企业的健康发展。

投后管理团队实时和预判投资项目风险、协助创业团队排除风险的功能对于保障投资成功、促进被投企业健康成长以及推动整个创业生态的健康发展具有重要意义。对于创业生态，投后管理团队的工作不仅关乎单个投资项目的成败，更对整个创业生态的健康发展具有重要意义，逐步形成平台。通过提供风险管理和增值服务，投后管理团队能够推动创业企业快速成长，培育出更多具有创新能力和市场潜力的优秀企业，从而推动整个创业生态的繁荣和发展。

4. 管理资源导入是投后管理重头戏

在系统复盘的过程中，能够发现一个企业发展的底层原则：一支优秀的成熟团队，围绕着一个根基型主业，一个为项目运营成功加杠杆的资本运作的过程，同时也有一个为项目减杠杆的价值生成的过程。在企业发展到高级阶段以后，路径就变成了一个价值创造的核心流程，这个流程既是企业文化的载体，也是企业战略的载体。个人干不过团队，团队干不过系统，一个有系统的企业就具备了纵向和横向两个方向上具有高水准的价值扩张能力。

好企业不是从天上降下来的，而是一定有其渊源的。分析商业案例应该回到原点，这些创业团队的人才聚集之前，是什么样的一种状态。一个没有流程治理能力的人，在治理企业的过程中做出一个顶级治理流程的可能性是极小的。实际上，硅谷投资人彼得·蒂尔认为，在科技创新领域，人们普遍高估了技术工程的难度，而低估了人际组织的连接难度。技术可以凭借个人创想达到实验室阶段，但是想要工艺化则需要多个不同类型的人才合作。在企业运营过程中，人、事、物的叠加管理过程需要被完整地记录，变成一个群体的商业体验，并且能够促进流程系统的产生。

在当今这个日新月异的商业环境中，管理资源的有效导入与整合已成为企业投后管理的核心议题，它不仅关乎项目的成败，更直接影响到企业的长远发展乃至整个生态系统的健康运作。从单一项目的精细化管理到跨周期、多项目并行管理的跨越，不仅是企业规模的扩张，更是管理理念和手段的深刻变革。这一转变过程，不仅要求企业具备敏锐的市场洞察力和高效的执行力，更需要在思维模式、组织架构、管理工具及人才培养等多个维度上进行全面升级。

企业复杂的思维模型和发展目标，需要变成贯彻到企业中的管理工具，用管理工具来涵盖这些企业目标，这是管理正规化以后，一个企业的正常表现。投后管理需要将企业正规化，让企业的运营团队成为正规军。

管理资源导入的深化，体现在企业经营者和管理者思维方式的转变上。传统的线性思维逐渐被系统思维、生态思维和未来思维所取代。系统思维要求管理者从全局出发，考虑项目之间的协同效应，以及企业与外部环境的互动关系；生态思维则强调构建和维护一个良性的商业生态系统，通过资源共享、优势互补实现共赢；而未来思维，则是站在更长远的视角，预见行业趋势，制订前瞻性的战略规划。这些思维模式的转变，不仅拓宽了企业的视野，也提升了其应对复杂多变市场环境的能力。三个思维方式需要设计独特的管理方式，用战略规划管理和战略财务管理来落实。

思维方式的转变需要具体的管理工具来支撑和实现。在投后管理中，企业开始广泛采用各种先进的管理工具和技术，如项目管理软件、企业资源规划系统、客户关系管理系统以及大数据分析平台等，这些工具形成了一个强大的管理工具集群，极大地提高了管理效率和决策质量。通过这些工具，企业能够实现对项目进度的实时监控、资源的高效配置、风险的及时预警以及市场动态的精准把握。同时，这些工具之间的数据互通和集成，使得企业的管理决策更加科学、精准，为企业的持续健康发展提供了有力保障。

对于一个创业者而言，在使用这些工具的时候，会对工作风格形成影响，因此会排斥，毕竟一旦使用了系统工具，就要走流程。在团队只有几个人的时候，直来直去的管理风格是效率则是最高的；但是团队一旦达到

161

了上百人，变成了走流程的管理效率则是最高的。复杂系统一定要有掌控复杂系统的管理工具，这是投后管理给出来的经验。经营其实就是一个习惯培养的过程，习惯了使用管理工具，对于以后做大做强是有好处的。

企业发展得稍大一点，管理的对象就会变成一个资源网络，这时候还要有涵盖上下游的管理工具来进行企业治理。

随着企业规模的扩大和业务的多元化，企业不再仅仅关注单一产品或服务的竞争力，而是更加注重对整个价值链和生态体系的治理。这要求企业不仅要优化内部流程，提高运营效率，还要积极构建和维护与供应商、客户、合作伙伴乃至竞争对手之间的良好关系。通过共享资源、协同创新、互利共赢等方式，形成一个稳固而富有活力的商业生态系统。在这个过程中，企业需要具备高度的战略眼光和卓越的协调能力，确保各个环节之间的顺畅衔接和高效运转。

管理资源导入的深化过程，不仅是价值生成的过程，更是人才生成的过程。在这个过程中，企业员工通过参与复杂多变的项目管理、接触先进的管理理念和技术手段，不断拓宽自己的知识面和视野，提升自己的专业能力和综合素质。同时，企业也通过构建学习型组织、提供丰富的培训和发展机会等方式，积极培养和引进优秀人才，为企业的长远发展提供坚实的人才支撑。这些人才不仅具备扎实的专业知识和技能，更具备创新思维、团队合作精神和强烈的责任感，成为推动企业不断前行的重要力量。

企业在引入战略管理的过程中，需要自觉运用周期管理的工具和跨周期战略管理工具。企业要形成长、中、短完整的工具箱。这样的要求，对于企业达到上市的目标，是相当重要的。而且越往高级阶段发展，这个事情越重要。

资本的打法一定是未来思维和周期思维的体现。在投后管理中，企业需要运用资本的力量来推动战略的实施和落地。这要求企业不仅要关注短期的财务表现和市场占有率等指标，更要具备长远的眼光和战略思维。通过深入分析行业趋势、评估市场潜力、制订科学合理的战略规划并付诸实施，企业能够在激烈的市场竞争中保持领先地位并实现可持续发展。同时，企业还需要积极寻求与投资者、金融机构等外部资本的合作与共赢，通过引入战略投资者、发行债券、上市融资等方式拓宽融资渠道、降低融资成本并提升企业的资本实力和市场竞争力。

最后，我们回到投后管理的责任。管理资源导入的深化是企业投后管理的重要一环，它要求企业在思维方式、管理工具、价值链与生态体系治理以及人才与资本等多个方面进行全面升级和优化。只有这样，企业才能在复杂多变的市场环境中保持敏锐的洞察力和高效的执行力，不断创造新的价值并实现可持续发展。

5. 一切风险的本质都是人的风险

我们需要承认一点，就是在企业中，确实有一些人就是企业经营的高手，认识到这一点，我们才有机会对人才进行评价。

在做战略咨询和创投服务的过程中，笔者确实也碰到了非常有经营方法、沉得住气、将事情做到位的人。我遇到过一个经营的"常胜将军"，曾经连续救活了4个中小企业。如果是一次，那只是运气，如果是4次，那这就是充分理解了企业经营的规律，这就是实力。创投企业找到这样的人，创投的成功率会提升一大截。

投资资本最欣赏的创业者，是那种连续成功的创业者。可以这么说，这样的创业者在资本市场是来去自如的，他们是资本竞相追逐的稀缺资源。

有一个连续创业者,他的第一桶金,就是创立了一个公司,刚走到B轮,就被国内靠前的互联网公司收购了。这个创业者拿到了资金后,开始了第二次创业,同样获得了战略投资,企业的估值也很高,经营很有章法。由于第二次创业深耕医疗智能化领域,属于长周期项目,投资机构愿意进行伴随式的发展,主要是因为这些投资机构对创业者抱有信心。投对了人,投资人就能够享受投资红利了。

对于投后管理者来说,需要明白一件事,投资最重要的变量就是人。人如果对了,后面的经营风险就削减了大半。一级市场的投资人,想要提高成功率,就需要在市场中找到一批连续的创业者,或者叫连续创业成功者。

比如段永平,他的投资的方向经过深度思考,投资风格稳健,投资拥有长期需求的产业。还有一点,他押宝于一群真正有创新和破局能力的企业家。他在多个场合都阐述自己经营能力不强,拥有一些常识,因此要在不确定的市场中找到能够创造确定性的人,用这样的人来帮他降低投资风险。这个方法已经经过了一二十年的考验,证明这是一个有效的方法。找到靠谱的创业团队,和他们一起走下去,是一个很省心的事情。

国内的投后管理有好几个流派:第一个流派是帮助企业做连续的融资计划,这些投后管理的机构,做了一部分天使投资人该做的工作。就是把项目进行再包装,把他们推销给更多的投资机构,通过增大接触面,为企业争取到下一轮投资的机会。

第二个流派,就是类似智和岛这样的公司,是以投资者、战略咨询和管理工具的导入,以及帮助企业脱困作为我们的核心竞争力,和创业者一起向前走。在几个流派中,笔者觉得这是最困难的一条路。因为很多创业企业之所以失败,都是企业在走向管理正规化和组织正规化的过程中夭折了。我们能够把一些正在沉没的资产盘活，一些创业的团队激发出来，这就是一种价值。

第三个流派，实际上就是猎头公司。它们专注于人才领域，帮助企业去找到高手和将军，经营哲学就是"得人才者得天下"。这一类的服务项目周期短，精准，更容易实现预期目标，因为这是针对创投企业普遍的需求。

对于投后管理者来说，一个真正优质的企业，不仅是经济活动的参与者，更是人类智慧与梦想的孵化器，是塑造个体心智、培养未来领袖的熔炉。企业的价值早已超越了简单的产品制造与市场交易，它们成为塑造社会结构、推动文明进步的重要力量。比如，华为的管理思想就对其他的企业管理正规化产生了积极的影响，远远大于经济本身。

企业降低经营风险的方式就是抓住机遇快速大规模变现。变现的过程，不仅是企业经济实力与市场份额的展现，更是其内部人才体系成熟与壮大的关键时期。优质企业如同一位高明的匠人，精心雕琢着每一位员工的潜能，将其塑造成具有成熟商业心智的人才。这些人才，不仅精通各自领域的专业技能，更拥有跨领域的视野与综合能力，人才积累越多，企业的经营风险就越小。

企业在扩张的过程中，会向重要的市场派驻人才，这就要求企业必须作为培养人才的学校，通过培养善于打仗的将军来降低企业运营的风险。未来的封疆大吏，需要具备多元化的知识体系与强大的适应能力，他们既要懂研发规律，能够洞察技术前沿，引领创新潮流，又要深谙组织团队的管理之道，能够激发团队潜能，构建高效协作的体系；同时，他们还需掌握金融知识，理解资本运作的逻辑，为企业的发展筹集资源，规避风险。更为重要的是，这些复合型人才必须具备坚强的意志力，面对挑战不退缩，面对失败不气馁，始终保持对成功的渴望与追求。

而这些，确实需要投后管理团队和创业团队的精诚合作，建立人才培养体系，以此来应对未来的不确定性。具体如何去做，其实还是制度设计层面要发力。企业首先应建立完善的教育培训体系，通过内部培训、外部学习、项目实战等多种方式，帮助员工拓宽视野，提升能力。其次，鼓励跨部门、跨领域的交流与合作，打破传统壁垒，促进知识共享与思维碰撞，激发创新火花。同时，建立科学合理的激励机制，让优秀人才得到应有的回报与认可，形成正向循环，吸引更多有志之士加入。

第九章
投资机构的退出策略

>>> 投后破局：投后管理与创业重生之道

1. 投资行为需要有序执行退出计划

在写作本书的过程中，创投行业正在经历着一场环境变化，对于创业者和私募机构都构成了巨大的挑战，退出成为创投领域普遍遇到的问题。

变局之下，创投项目的退出进程就要随之而变，市场环境、政策导向、技术革新等因素都会影响投资项目的价值和前景。因此，在当前和今后，投资者和创业者都需要不走寻常路，不能依靠过去的一套打法来面向现实和未来。作为投后管理业者，深度理解创业者进退两难的事实，但就在这个时候，更需要建立新的秩序，稳住经营，稳住团队，通过务实的经营巩固企业的估值。不管未来有什么变化，让企业生存下去，在适当的时机，进行再投融资计划。这不是缓兵之计，而是基于现实的思考。

在市场竞争充分内卷下，原来的估值系统被新的投资者打破，产品和服务的价格被新的竞争者打破。因此，从投后管理的角度来说，投资者和创业者都要变成新价值的创造者。走向未来的门槛其实变得更高了。投资者通过制订并执行退出计划，可以更加主动地应对这些变化，适时调整投资组合，确保资金能够流向更具潜力和价值的领域。这种灵活性有助于投资者在快速变化的市场中保持竞争力。

投后管理者现在只能做一个价值填充者的角色，和创业团队一起面对现实的困难。在新的投资者普遍谨慎投资的情况下，企业能够做的事情只能是做好基础工作。

一个创业团队的 CEO 跟我说，既然这个时候不是做冲锋的时候，那么我们的整个战略就是"深挖洞,广积粮,缓称王"。这和笔者提供的价值填充者的角色的思考是一致的,在经济周期调整的背景下,作为创投企业,只能这么做。价值填充扎实了,保住企业的估值,对于早期投资者来说,也是一支安定剂。

作为战略咨询和投后管理者,我们在面对投资者的时候,需要理解他们的困难。人在困境中所作出的一些决定,往往不是最优化的。投资行为中有序执行退出计划,以及选择适当的时间和发展周期,是投资成功与否的关键要素之一,这一理念深刻体现了投资管理中的战略眼光与风险控制能力。时机不对的时候强行退出,事实上就是对于增值活动的一种折损。

投后管理的介入,是一种过程管理行为。之前,投资者思考的问题是风险控制与收益最大化,这"一买一卖"的投资模型,在现实中受到了挑战。现在的创投重头戏在投后管理和价值生成的过程,尽管很多投资圈的人不相信这一点,但过于简单的投资模型确实无法映射现实。大面积的创投资本无法退出,其实就是最好的证明了。

退出这个事情,是一个固定程序。过去的教程告诉投资者,投资不仅是买入的过程,更重要的是在合适的时机卖出,实现资本增值。有序执行退出计划能够帮助投资者在市场波动、项目发展不及预期或达到预设目标时,及时调整策略,避免损失扩大,同时锁定收益。

从买入到退出的过程,也是一个含辛茹苦的过程。每个投资项目都有其特定的发展周期,包括初创期、成长期、成熟期和衰退期。了解并评估项目当前所处的发展阶段,对于制定合适的退出策略至关重要。

例如,在项目进入成熟期,增长潜力有限且市场竞争加剧时,及时退出可能是一个明智的选择。相反,如果过早退出,可能会错失潜在的增长机会。

在现实中,我们遇到的真实情况,就是那些还在襁褓中传来传去的项目确实难以退出。一个没有成型的项目却估值3亿元，而在相关的产业赛道中，市场却在萎缩。这样的投资项目，尽管也在和不同的投资团队谈判，但谈来谈去，最后都没有一个结果。因为这个估值是团队自己定下来的，这里没有可以参照的定价系统。

笔者从投后管理视角来分析这个项目时，发现问题就在于，企业在进行下一轮融资时，并没有在过去取得有影响力的阶段性成果，对于产业没有重新洗牌的能力。新的投资者对于成熟期的资产感兴趣，即投资于已经在市场之中不断产生营收的创投企业，这样的企业在创投企业的比例中，占比较小。这样也推高了一些头部项目的估值，从投资的角度来看，风险比较小，从资本退出来看，在成熟期退出对企业的经营不会产生显著影响。这要求投资者具备敏锐的市场洞察力和灵活的操作能力，在风险与收益之间找到最佳平衡点。

因此，对于投资资本退出的时间和安排，有几个点是可以参考的：

创业企业项目的成熟度。如果这是一个很赚钱的企业，并且拥有光明的前景和较大的产业空间，那么资产的退出就会很容易。

即使早期投资者退出很容易，但是新老投资者之间还是要有一个协同。投资团队对于投资者退出需要有一个妥善的安排，往往用一个经营上的好消息，来对冲投资者退出所带来的影响。从理性分析来看，不管什么样的投资者退出，都可能对企业的经营产生一定的影响。因此，新老投资者可完成"进二退一"的游戏，实现资金的良性循环。

在项目投资者退出之后，需要有一轮公关行动，以增强后继投资者的信心。比如，一个早期的投资资本以十倍甚至几十倍的溢价退出，应该成为创业团队和投资者宣传的案例。这样做会增强其他投资者的信心，也会增强其他的投资者继续持有公司股份的信心。早期投资者在退出之后，需要谨言慎行，共同维护企业的估值和投资者的信心，要深度理解金融市场的本质，即信心比黄金更重要。

成功退出要求投资者具备较高的专业素养和丰富的投资经验，以应对各种复杂的市场情况。有序执行退出计划有助于投资者实现资金的良性循环。通过将投资收益重新投入新的项目中，投资者可以不断扩大投资规模，提高资金利用效率。这种滚动投资的方式有助于形成良性循环，为投资者带来持续的回报。

2. 从价值陪跑到IPO

在当今的创投市场中，投资已不再是简单的资金注入与快速退出的线性过程，而是演变为一场深度参与、持续赋能与价值共创的马拉松赛跑。在这一过程中，"价值陪跑"作为一种新兴的投资理念与策略，正逐渐成为连接资本与企业成长、促进双方共赢的关键桥梁。智和岛一直在践行的这一理念，揭示了创投行业未来的发展趋势，即在"募投管退"这一传统资本循环中，强化"管"即投后管理的核心地位，使之成为贯穿企业价值生成全过程的重要驱动力。

在探讨企业增值退出的策略时，一个不容忽视的核心理念便是：欲行远路，必先筑基。这意味着，任何企业若期望在未来实现增值退出，都必须从根基做起，扎实完成每一项基础工作。这不仅是对企业长远发展负责的态度，更是成功增值退出的坚实前提。

这一理念根植于一个深刻的假设之上——企业的核心价值与竞争力，不应依赖外部投资资本的短暂光环，而应源自内部管理的卓越与业务模式的稳健。换言之，即便有雄厚的资本注入，企业也应保持清醒的头脑，避免陷入盲目扩张或经营变形的陷阱,成为依赖外部输血、难以自我维持的"巨婴"。

在追求增值的道路上,企业首先应当聚焦于成为一家真正意义上的好企业。这要求企业在稳健价值创造上不懈努力,通过技术创新、产品优化、市场拓展等手段,持续提升自身的核心竞争力和盈利能力。同时,在管理方面,企业应建立健全管理体系,强化内部控制,优化资源配置,确保企业运营的效率和效果。

只有在这样的基础上,投资才能谈及退出的问题。因为,只有当企业具备了强大的内在实力和良好的市场口碑,其增值退出的过程才会更加顺畅,也更能吸引潜在投资者的青睐,从而实现企业与投资者双赢的局面。

价值陪跑,顾名思义,是指投资机构在资金投入后,不仅作为资金的提供者,更作为企业成长道路上的伙伴,通过深度参与企业的战略规划、运营管理、市场拓展、资源整合等多个环节,助力企业实现价值最大化。这一过程,可以说是最笨的方式,但也是最扎实的方式。价值陪跑,不仅要求投资机构具备敏锐的市场洞察力和专业的投资判断能力,更需拥有扎实的行业知识、丰富的管理经验以及强大的资源整合能力。

传统上,投后管理往往被视为投资流程的末端环节,侧重于风险控制与财务监控,相对被动。然而,在价值陪跑的框架下,投后管理被赋予了全新的使命与内涵。它要求投资机构主动出击,通过构建系统化的投后管理体系,包括但不限于定期沟通机制、绩效评估体系、资源对接平台等,实现对被投企业的全方位、深层次支持。这种转变,不仅增强了投资机构与被投企业之间的信任与合作,也为企业的快速发展提供了强有力的外部保障。

将投后管理提升至统领投资价值生成全过程的高度,意味着创投市场正经历一场深刻的变革。这一变革的核心,在于创立一个以投后管理为中心的投资管理秩序全流程。这一流程不仅涵盖了从项目筛选、尽职调查、投资决策到资金投放的传统环节，更将投后管理作为连接投资与退出的关键纽带，贯穿企业成长的每一个阶段。通过这样的流程设计，投资机构能够更加精准地把握市场动态，及时调整投资策略，同时为企业提供更加精准、高效的增值服务，共同推动企业的价值提升。

投后管理，是一场深度参与、精心培育的价值陪跑之旅。这一过程，如同一位智慧而耐心的导师，陪伴初创企业从蹒跚学步到健步如飞，不仅提供必要的资源支持，更在战略规划、运营管理、市场拓展等多个维度释放管理价值，激活企业发展的内在潜力。

价值陪跑，本质上是对未来可能性的一次坚定押注，是对创业梦想与愿景的持续护航，更需具备深厚的行业知识与丰富的管理经验，能够为企业提供量身定制的成长方案。在这一过程中，管理不再仅仅是被动地应对问题，而是主动出击，通过持续优化流程、提高效率、强化团队建设等方式，为企业注入源源不断的动力。

投后管理的精髓在于其面向未来的前瞻性视角和持续行动的能力。面对瞬息万变的市场环境，投后管理机构需与企业并肩作战，共同探索未知领域，勇于尝试创新模式。这种持续行动不仅体现在日常运营的精细化管理上，更在于对宏观趋势的精准把握和战略调整的灵活应对。通过不断迭代和优化，企业能够在激烈的市场竞争中保持领先地位，为最终迈向IPO奠定坚实基础。

IPO是众多创业企业的努力方向，也是对其综合实力的一次全面检阅。在这一过程中，业绩的持续增长和盈利能力的提升是核心要素。投后管理机构深知，仅仅依靠短期的财务粉饰或简单的并购重组，难以支撑企业长远的发展。因此，他们更加注重通过扎实的经营管理和持续的业绩优化，使企业在各个方面达到甚至超越证券市场的标准要求。

投后管理机构会协助企业制订科学的发展规划，明确市场定位，优化产品结构，提升核心竞争力。同时，加强内部控制，完善财务管理体系，确保财务数据的真实性和准确性。此外，还会积极引入外部资源，如战略合作伙伴、专业顾问团队等，为企业提供全方位的支持和帮助。通过这些努力，企业不仅能够顺利通过IPO审核，更能在上市后保持稳健的发展态势，实现可持续发展。

3. 价值增值或并购

在价值陪跑的实践中，投后管理能力已成为投资机构的核心竞争力之一。具备强大投后管理能力的投资机构，能够更好地识别并解决企业成长过程中的痛点与难点，助力企业突破发展瓶颈。

价值增值服务也是投资机构和创业团队的合作方式。投资者和创业者可能会联合做一个方案，在短期之内做一个企业扩张的行动，用这个行动来创造短期的业绩，这个短期的业绩又能够推高企业的估值。在这样的一个循环动作中，实现价值增值的目标。这是一种常规方案。

价值增值的方式其实有很多种，笔者觉得最重要的方式就是为企业的关键能力找到新的应用市场。这样的新的应用市场必须有巨大的发展空间，企业在这样的新市场里逐步占据新的市场地位，以此来获得新投资者的认可，或者让一些新行业中的投资者愿意出资来收购企业的股份。

这里我们就需要谈谈退出方案需要达成的目标。

在设计退出方案前，需要明确退出的动机和目标。投资人可能希望获得高额回报，实现投资的流动性，或者是战略上的考虑等。明确退出的目标将有助于设计出更具针对性的退出方案。根据项目的情况和投资人的需求，选择合适的退出策略。常见的退出策略包括股权出售、股权回购、上市/IPO、并购等。选择合适的退出策略需要考虑项目的发展阶段、市场环境、投资人的预期回报等因素。

这些不同的退出策略也会影响投后管理的组合拳的实施，这是目的决定方法，投资者和创业者需要明确方向，才能够干好接下来的工作。随着投后管理在创投市场中的地位日益凸显，投资过程中的战略要素排序也发生了显著变化。传统的"募投管退"模式逐渐演变为"投前精选、投中精准、投后深耕"的新格局。在这一格局下，投前阶段更加注重项目的质量与潜力挖掘；投中阶段则强调决策效率与风险控制；而投后阶段则成为价值创造与价值实现的关键阶段。这种变化，不仅反映了创投市场对投资质量与投资效率的双重追求，也预示着未来创投行业将更加注重长期主义与可持续发展。

通过投后管理实现价值增值的行动，通过两年到三年的努力，主要是一场业务决策和效能管理领域的强化过程。笔者觉得无论采取哪一种方案，其实都需要一个过程，这个可能依然需要一段时间的苦战，将业绩真正做上去。

价值增值，多数情况下是一种股权的出售和推动项目进行并购。这就要看投资机构和创业者对于该项目的运营未来有没有战略规划。创业者和投资者之间有一种默契，就是这个企业在某一个战略点上价值成熟的时候，只要有一个好的估价，别人愿意出这个价来购买企业，那创业团队和投资者也乐意做这样的事情，把企业卖了，相互之间各分各的钱。应该说，创投企业绝大多数项目都是在中途被卖掉了，因此，股权并购也是最常见的一种退出方式。

这些创业项目的价值往往是产业链上的一个关键节点，这个关键节点如果被别人收购了，可以大大增强收购企业的竞争力。但是这样的一个关键节点拿在手里，这个创业团队和投资者无法达到控制整个价值链的战略目的，无法使价值最大化，因此，就需要卖掉，投资者和创业者都能够变现，创业者被价值链整合了，也是一条合适的归属。

这样的中间并购，其实也是投后管理能够介入的一个服务项目。通过持续优化投后管理策略与模式，投资机构还能不断积累经验、提升专业能力，形成良性循环，进一步巩固其在行业中的领先地位。帮助买卖公司股份就是投后管理领域一个常规业务了。

关于如何退出，很多连续创业者的目标并不是要做一个主干性的产业，而是在不同的产业链上逐步创立自己的价值点，然后把创立的商业价值打包在一家公司。别的公司拿这家公司去上市，或者去再融资，或者是完善自己的供应链和价值链，这就是别人的事情了。

投资人可能希望在项目发展到一定阶段或者达到一定的估值时退出。同时，也需要考虑市场环境和投资人的时间限制。

创业者带领企业上市的退出行为只是少数，大多数的企业都是在中间溢价卖掉了。有些拿了投资的项目有对赌方案，在退出的时间点上有期限，对于很多项目，其实退出的时间是弹性的，企业在正常经营，但如果有合适的战略并购者，也可以一边经营一边卖掉公司。

当然，在退出方案执行的过程中，也是矛盾容易爆发的阶段，投后管理机构可以作为一个调和人，在中间发挥作用。在设计退出方案时，需要明确利润分配的原则和机制。投资人和创业团队之间的利润分配可以根据投资比例、投资期限、投资回报等因素进行协商。退出方案的成功实施通常需要创业团队和投资人之间的紧密协作。因此，设计退出方案时需要考虑协作机制，包括信息透明度、决策流程、合同约束等方面。退出方案设计的一个重要考虑因素是如何控制风险。投资人可能面临各种风险，包括市场风险、技术风险、管理风险等。退出方案应该包含风险控制的措施，以保护投资人的权益。

中途对于创业企业的并购，是投资者退出的普遍方式。事实上，投后管理在进入价值增值程序的时候，也在物色有意向的并购者。企业在投后管理过程中，需要进行定向改进，在并购企业和创业者之间形成一个接口，让并购的过程更加顺利。

4. 股权增值转让导入新价值链

投资者对于创投企业的退出方案，有一个"选择大于努力"的选择。举个例子，同样是做吸管的，有一家吸管企业就成为全世界最大的吸管生产企业，几乎全球较大的连锁餐饮、咖啡店和奶茶饮品店都是这家企业的客户。还是回到那句老话，企业是不能自己定义自己的，企业是由客户定义的。理解了这一点，也就理解了如何盘活一些正在价值链上挣扎的企业，也许换一个价值链，在新位置上，整个企业的价值就会变得不同。

对于投后管理来说，实现企业股权增值的方法，就是将企业的成熟团队和擅长的事情移植到一个前途广大的事业中，并且抓住机遇，尽力去放大市场价值，这就是投后管理在战略层面最该做的事情。在跟创业者交流的时候，我举了一个例子，美玉这种东西，创业者不能摆小摊卖，如果真是上等的玉石，应该放在珠宝店来卖，这是符合行业规律的，否则就做错了。将一些利润丰厚的行业打成白菜价，是违背商业规律的。为了实现企业的可持续发展与价值最大化，创业者们不得不深入思考一个问题：如何将自身的运营系统精准地嵌入最适合的价值链，从而开启极致变现的旅程。这一过程，不仅是对市场敏锐洞察的体现，更是企业战略智慧与执行力的高度融合。

价值链作为企业运营活动中一系列相互关联的价值创造活动的集合，其每一个环节都蕴含着增值的潜力。对于创业企业而言，选择正确的价值链位置，就如同在棋盘上布下关键一子，能够极大地影响后续的发展轨迹。这要求企业不仅要深刻理解自身核心竞争力的所在，还需精准把握行业趋势与市场需求，寻找那些既能发挥自身优势，又能满足市场需求的"甜蜜点"。

极致变现的过程，实质上是对价值链进行深度挖掘与高效整合的过程。它要求企业不仅要在现有业务上精益求精，更要勇于探索产业衍生的新路径。产业衍生，作为现象级企业发展的标准路径之一，并非一蹴而就的预设蓝图，而是企业在深耕主业、积累深厚根基之后，自然生长出的新枝芽。这种衍生，往往伴随着技术创新、模式创新或市场边界的拓展，为企业带来全新的增长点。

然而，企业团队在规划未来时，往往受限于线性思维的框架。尽管能够基于当前信息对中期和远期的战略方向作出初步判断，但面对复杂多变的市场环境，战略场景难以完全展开，不确定性如影随形。这种不确定性，使得初创企业在市场中的每一步都充满了挑战。尤其是在战略层面，一家小企业在初入市场时，往往只能从边缘地带起步，这是由资源有限、品牌影响力不足等现实条件所决定的。

在这样的背景下，企业的股权价值往往难以得到市场的充分认可。投资者在评估一家初创企业时，除了关注其技术实力、产品竞争力外，更看重的是其市场潜力、团队执行力以及战略清晰度。因此，对于初创企业而言，如何在有限的资源下，快速提升市场认知度，成为其必须面对的重要课题。

正是在这样的背景下,投后管理的作用显得尤为关键。对于初创企业而言,投后管理的介入,目的在于辅助创业团队,完成一种扩张性布局,将企业的应用市场扩大数倍,而后完成退出。

在战略层面,投后管理的首要任务是协助企业实现从边缘向中心的突破。这要求投后管理团队能够结合企业的实际情况,拟订出切实可行的战略调整方案。通过精准的市场定位、差异化的竞争策略以及高效的资源配置,帮助企业逐步在市场中站稳脚跟,进而向中心地带发起冲击。

"中心开花"战略的实施,意味着企业需要在某一细分市场或关键领域建立起稳固的根据地。这不仅是企业实力的象征,更是后续扩张与衍生的重要基石。在占领中心根据地的过程中,企业需要不断巩固自身在价值链中的核心地位,加强与上下游企业的合作与协同,构建起稳固的生态系统。

这个时候投后管理如果介入企业管理,在战略层面只有一个事情可以做,那就是从边缘杀入中心,并且实现中心开花,占领一片中心的根据地。创业者需要思考的问题,既需要保持企业主体经营的均衡性,也需要保持企业的创新性。这个问题很简单,但却是很多大企业的管理问题所在。

比如,手机陀螺仪芯片企业,这个零部件的应用市场,原来只是用于手机定位和姿态感知,但手机市场饱和了,这时候,生产企业就大力拓展应用市场,将应用扩展到无人机产业,这就又多出来一个应用市场。硬件还是那个硬件,只需要重建一些飞控软件,就为产品找到了新的战略应用市场,这就是将资源导入了新的价值链,这是良性扩张,能够使企业股权更值钱。

企业拥有一定的核心能力,如何在新价值链上找到新的市场,需要进行更多的市场研究,积极收集现有用户的反馈意见,了解他们对产品或服务的期望和改进建议。这些信息往往能揭示新的市场机会。有些用户会提出意外的需要，这就要深入研究，也许机会就来临了。

评估自身核心技术的优势和局限性，以及与其他技术的互补性。通过技术评估，企业可以确定技术应用的最佳领域和方式。积极寻求与其他行业的合作机会，通过跨界合作将核心技术应用于新的领域。这有助于企业拓宽市场空间。

5. 作为战略投资者持有企业股权

作为战略投资者，在对一个产业进行布局时，其战法通常都是持久战。他们会按照产业规律来做事，认定大方向，不断按照事物的本来规律，不断投入产业顶级资源，用出色的管理系统来连接这些资源，直到价值呈现出来。这些战略投资者为了扩大市场，会向该市场中的上下游关键企业出售一些股份，实现战略并购，形成一个完整的价值链。

战略投资者在投资的时候，奉行的是"千斤拔四两"稳步推进策略。战略投资者都是依据自己的组合，来培养商业新价值。一般情况下，他们会依据产业周期规律，退出一些项目，同时长期持有企业股份。这也是创业团队希望与战略投资者合作的原因。

战略投资者也是智和岛学习的榜样，他们坚守着一条清晰而坚定的航线——追求长期稳定的资产组合优化，以此穿越经济周期的惊涛骇浪，抵达财富增长的彼岸。

在谈退出的章节里，我们谈及的其实是战略投资者的买入策略，在买入策略中，其实就蕴含着这些战略投资者的退出智慧。

战略投资者的核心策略之一，便是在复杂的资产池中，通过分析与评估，筛选出那些能够穿越时间洪流、持续创造价值的"珍珠"。这一过程，是对企业基本面、行业趋势、市场需求乃至宏观经济环境的全面考量。他们深知，短期内的市场波动只能带来一时的利润，唯有那些拥有稳定需求基础、产业繁荣周期长且能长期持续增长的企业，才是构建稳固资产组合的基石。

因此，他们勇于舍弃那些看似光鲜亮丽、实则繁荣周期短暂、迭代速度惊人却效益平平的"流星"企业。这些企业或许能在短期内吸引眼球，却难以在风云变幻的市场中站稳脚跟，更无法为投资者带来持续稳定的回报。相反，他们更倾向于将目光投向那些历经时间考验、拥有深厚"护城河"、能够抵御行业周期性波动的优质企业。这些企业如同深海中的珊瑚礁，虽不显山露水，却能在风浪中屹立不倒，为投资者提供源源不断的价值。

作为一个战略咨询团队和投后管理业者，我们努力将服务客户引导到战略投资者的逻辑下，我们理解了他们的投资哲学，也就理解了他们的退出策略。原则上，一流的战略投资者，复利的收益哲学大于套利的收益哲学。这是需要所有投资者和创业者需要思考的问题。

对于战略投资者而言，每一项投资决策都是一次深思熟虑的旅程。他们坚信，一个不值得持有十年的资产，连一天都不值得持有。这种近乎苛刻的投资标准，源自他们对市场规律的深刻理解与对长期价值的执着追求。他们明白，短期的市场波动不过是过眼云烟，唯有那些能够经受住时间考验的企业，才能为投资者带来真正的财富增长。

因此，在做出投资决策之前，战略投资者会投入大量的时间与精力，对潜在投资对象进行全方位、多角度的研究与分析。他们不仅关注企业的财务报表、管理团队、技术实力等硬性指标，更重视企业的文化、价值观、社会责任等软性因素。他们相信,一个真正伟大的企业,不仅是财务数字的堆砌,更是精神与理念的传承。

战略投资者从未停止过自我精进与学习的脚步。市场永远在变化,新技术、新产业、新模式层出不穷,唯有不断学习、不断适应,才能在激烈的市场竞争中保持领先地位。他们不仅关注行业动态、政策走向等宏观层面的变化,更积极投身于新知识的学习与实践中。无论是通过阅读专业书籍、参加行业会议,还是与同行交流切磋,他们都乐此不疲。他们相信,只有不断提高自己的专业素养与认知水平,才能更好地把握市场脉搏、捕捉投资机会。

进行战略投资,不能耳根子软,听风就是雨。战略投资就是分清楚自己看得懂和看不懂的事情,绝对不会出现不懂装懂或者以为自己懂的事情。对于一件事理解精透了,犯错误机会就少了很多。

在投资领域,诚信是立足之本。对于战略投资者而言,这种诚信不仅体现在对外界的承诺与践诺上,更体现在对自我的严格要求上。他们对自己做到绝对诚实,不盲目跟风、不追逐热点、不抱有任何侥幸心理。在面对投资决策时,他们总是能够冷静分析、理性判断,不受外界噪声干扰与影响。

正是这种对自我的绝对诚实与严格要求,使得战略投资者能够在复杂多变的市场环境中保持清醒的头脑与坚定的信念。他们始终坚守着自己的投资理念与原则,不为短期利益所动摇,不为市场波动所迷惑。正是这份坚持与执着,让他们在投资这条道路上越走越远、越走越稳。

持有优质资产,不用频繁退出,这是战略投资者的特质。即使退出,也要对一些不算理想的资产进行重组后再退出,这是由企业投资纪律决定的。也就是说,我们在退出的时候,需要理解一种不退出的哲学,这是投资的精髓,却被投资圈的人忽视了。

综上所述，投资退出是一个复杂的过程，需要结合现实的场景去寻找现实的方案。但围绕着价值增值和价值创造的主线走下去，不会犯大错。投资管理中的退出计划是投资者实现投资目标、控制风险、保持资金流动性的重要手段。在制订和执行退出计划时，投资者需要充分考虑市场环境、项目情况、退出路径等因素，并密切关注市场动态和项目发展情况，以确保投资目标的实现。

第十章
投资资本如何解套

1. 做错的事情需要立即止损

在创投的早期阶段，由于企业的经营管理远没有成型，因此，投资人在投资项目时，其实相信的就是创业者的一张嘴。这是一种基于想象力的投资。对于精明老到的投资者来说，投早投小远比想象中要难，因此，会坚决让别人试错，自己捡果子。

正是依据这样的原则，面对早期投资项目太新、太前沿、投资人无法判断前景等问题，这些人是不会投资的。现在很多投资人都有"不投资清单"，其中有一条重要原则，那就是一个新项目，如果在全球范围内没有数据和可对标的企业，投资机构就不投资。

作为战略咨询业者，智和岛和犯错创投企业打交道是没有选择的事情。虽然，我们知道投资的一些原则，但这些创投企业中，投资者和创业者的错误都已经犯下了，我们只能在条件许可的情况下，对于项目进行修正，不是改正错误，而是将代价最小化。

在创业过程中，面对挑战与不确定性，做错事情，对于任何创业团队而言，都是难以避免的成长之痛。犯错了，需要及时调整策略以避开更大的危险。创业团队在面对失误时，也应迅速采取行动，实施"立即止损"的策略，这是他们脱困重生、继续前行的关键一步。

对于如何快速止损，我们需要系统的应对方法。在创业初期，由于经验不足、市场判断失误或策略执行不当，团队往往会不经意间为自己挖下一个个或大或小的坑。这些坑，可能是资金的无谓消耗、资源的错误配置，也可能是市场定位的偏离、团队文化的扭曲。当意识到这些问题时，当务之急是深刻反思、认清现状，明确哪些投入已成为"完全沉没的资产"。这些资产，如同被风浪卷走的货物，虽令人痛心，但唯有坦然接受损失，才能避免进一步陷入泥潭。

认账，不仅是对过往错误的承认，更是一种对现实的尊重和对未来的负责。它要求创业团队具备高度的自我反省能力和决策勇气，敢于面对失败，勇于承担后果。大额资本的亏损，无疑是对团队士气的一次重击，但正是这样的时刻，更能考验团队的凝聚力和韧性。通过及时认账，团队能够迅速从错误中抽身，将有限的资源和精力集中于更有价值的领域。

在承认企业路线错误，估值受损的情况下，将精力集中到优质资产，重新思考出路。这些资产，可能是已建立的品牌影响力、稳定的客户群体、独特的技术专利，或是团队中那些好品质的成员。对于这些可以打捞的资产，创业团队应视为宝贵的财富，进行梳理和评估，并在此基础上制订战略重组计划。战略重组，意味着对现有业务进行重新审视和调整，通过优化资源配置、缩减非必要开支、强化核心竞争力，来降低运营成本，提高运营效率。这一过程，既是对过往错误的纠正，也是对未来发展路径的重新规划。同时，团队还需保持高度的市场敏锐度，寻找那些能够迅速带来现金流、支撑企业短期生存的利基市场。这些市场，往往隐藏在市场的缝隙中，等待着有准备的创业者去发掘和占领。

在战略重组和寻找利基市场的过程中，核心团队的稳定至关重要。他们是企业的灵魂和支柱，拥有共同的愿景和使命感。因此，创业团队应高度重视团队建设，通过有效的沟通和激励机制，保持团队的凝聚力和战斗力。同时，也应积极引入外部人才和资源，为企业的持续发展注入新的活力和动力。

在当下的一级投资市场，打捞沉没资产需要一种沉静之力。这几年，我们看到不少一级投资人"深潜"到创业团队中,和创业团队一起拼杀。对于这一轮的经济周期变化,要有"料敌从严"的认知,即短期之内,企业很难靠融资和再扩张来实现耀眼的估值,企业需要考虑自己解套,没有援兵,就自己走出去。

我们在前文谈及投资原则和投资纪律的问题。事实上,创业团队和投资团队都需要建立明确的边界,建立"不为清单",确保投资策略的稳健性、有效性和可持续性。出现投资暂时性失利的错误,其实就是投资纪律不严的结果。

我们团队在对一些创投企业进行服务时,秉持的就是十六个字:"立即止损,不下牌桌,价值填充,经营制胜。"这样的总体方案,很容易理解。在投资前设定明确的止损点,当投资项目出现不利变化时,及时采取措施止损,避免损失扩大。

制订投后管理计划,定期对投资项目进行跟踪和评估,确保项目按照修正之后的计划进行。价值投资强调以长期视角看待投资,而投资纪律是实现这一目标的关键。

在一级市场疲软中,许多企业可能面临估值下调、融资困难等挑战,但这也为真正具有长期价值的项目提供了投资机会。通过严守投资纪律,投资机构能够坚持自己的投资理念和标准,不被短期波动迷惑,专注于寻找并投资那些具有长期成长潜力的企业,即使他们处于短期困境中,但也有机会破局。

对于被套牢的创业团队,需要来一次资源盘点和战略复盘。在重新启航时,需要在"鼠目寸光"和"远大志向"之间找到平衡。企业要做一只奔跑的兔子,要一边奔跑一边吃草。团队能够实现自持,就能够存活下来,至于前期欠下的债务,只能在价值填充后,再进行补偿。

在投后管理团队和创业团队共同努力的过程中,最重要就是找到战略方向，做正确的事情。严守投资纪律，意味着投资者会依据既定的投资策略和原则进行决策，避免被市场情绪左右，从而提高决策的质量和准确性。

2. 将套牢资产复用到新场景新价值链

创业团队和投后管理团队在资源盘点之后，对于已经无法进行盘活的资产，需要下狠心处理掉，虽然看着心疼，却依然是代价最小的处理方式。

我们遇到过几个创业团队，他们拥有大量的知识产权和专利池，但这些知识产权集群并没有产品化，或者没有完全产品化。比如，一个石墨烯团队，在电双层电容领域就积累了很多的知识成果，但这个成果没有形成类似比亚迪固态电池那样的高智能生产线，只是做出了不少性能不错的样品，没有做出可以证明自己的市场业绩。就在这个时候，企业恰好碰到了资本寒冬，没有后续的再融资进来，现金流枯竭，运营遇到梗阻。这是我们碰到的最常见的现象之一。

我们的服务企业中，还有一个案例，一家创业企业产品已经实现了市场化，但是市场化的规模很小，不足以给企业带来充裕的现金流。企业只有一半的造血能力，还有一半基本上靠再融资进行输血。加上这个创业才四年的团队，在成本控制领域，没有做到精细化，早期花了不少不该花的冤枉钱。这是我们看到的第二种典型的案例。

这些问题，其实都不是项目不行，而是创业团队在战略管理和业务管理的过程中平衡不好资源，造成的经营层面的错误。这样的项目是具备盘活价值的，完全可以通过投后管理来破局。

投后管理团队在进入企业进行服务时，会和创业团队进行深入沟通。让这些处于困境中的企业，一方面做好再融资的工作，另一方面要在最快的时间之内实现产品化。企业运营需要具备风险意识，在环境不利的时候，不能盲目追求高估值、一味地向前跑，否则造血能力不足，往往会加剧投资风险。在资本市场中，很多投资机构都有严格的投资纪律，如设定投资限额、分散投资组合、明确止损点等，可以有效降低投资风险，保护投资者的资本安全。

投资纪律有助于投资者保持冷静和理性。在市场波动较大或信息纷繁复杂时，投资者容易受到情绪影响，作出非理性的投资决策。所谓非理性投资决策，处于低潮期的创业团队，往往心智处于低能量状态。它和企业处于发展顺境中，头脑发热进行扩张等非理性决策其实是一样的性质。因此，我们会稳住创业团队的心智，会激发创业团队的创业热情，让他们意识到自己在运营方面产生的错误导致了当下的困难。只要积极地寻找出路，这家企业还是前景光明的。我们必须假设企业的前景是光明的才会主动去突破，因为接下来脱困的道路从来就不寻常。

在创业企业中，也有分散风险的需求。在今天的创业环境中，企业专利知识产权和产品，其应用市场并不是唯一的。大部分的技术系统和服务都能够同时应用于几个市场。我们碰到过这些企业，只在一个狭小的领域进行深耕，企业只有一半的造血能力。在做选择时，企业可以采取暂时的收缩战略，即将自己的团队和规模缩小一半，运营成本降低一半，这样企业就可以活下来。

作为一个再融资者，思考问题时需要将增长和扩张作为基础的思维方式，毕竟作为一家接受资本投资的有前景的企业，需要将增长和扩张作为企业运营的基础哲学。企业只有发展了才能为所有的利益相关者提供适当的回报。对于这样的一批创投企业，我们采取的战略就是核心资源复用，将套牢资产复用到新场景新价值链，这是一些创投企业进行市场扩张的基本方法。

核心资源复用在企业战略扩张中确实扮演着至关重要的角色，其对于提高效率、降低成本、加速市场渗透以及增强企业竞争力具有深远意义。一种核心技术系统应用于多个应用市场的商业模式，即所谓的"技术平台化"或"技术复用"战略，展现了极高的前瞻性和市场适应性。

通过核心技术的复用，企业可以在不同市场或产品线中共享研发、测试、运维等成本，显著降低整体运营成本。这种成本效益的提升使得企业能够更快地适应市场变化，灵活调整业务布局。核心技术作为企业的核心竞争力，其持续迭代和优化能够带动整个产品线的升级。当这种技术被广泛应用于多个市场时，来自不同应用场景的反馈能够加速技术的完善和创新，形成良性循环。

创业团队需要从一个市场渗透到更多的市场，形成 1+1>2 的效应，增强企业的竞争能力。同时，在多个市场并行的情况下，也能够分散风险。当一个应用市场出现问题的时候，剩下的几个应用市场还能够为企业提供充裕的现金流。这样的资产实际上就被盘活了。

从策略上来讲，借助核心技术的通用性和可扩展性，企业可以快速进入新的市场领域，实现"核心技术—业务场景多元化"。这种跨市场的布局不仅增加了企业的收入来源，还提高了品牌知名度和市场影响力。单一市场的波动可能对企业造成较大冲击，而多市场布局则能有效分散风险。当某个市场出现不利变化时，其他市场的稳定表现可以为企业提供缓冲，增强企业的抗风险能力。

企业在盘活资产的过程中，基于核心技术的多应用市场布局有助于企业构建完整的生态系统，吸引更多用户并提升用户黏性。用户可以在生态系统中享受到一站式的服务和体验，从而增加对企业的依赖和提升忠诚度。

然而，实施这种商业模式也面临一些挑战，不同市场可能需要技术做适当调整、确保技术能精准满足各市场需求，以及组织结构和文化调整支持多市场运营等。因此，企业在推进核心资源复用时，需要综合考虑这些因素，制订科学合理的战略规划和执行方案。

企业需要完成产业生态化转型。但是这种生态还是具备同源性。同源性的意义在于企业所创办的新事业能够共用入口。你所创办的根基型主业是否对于企业的未来发展具备普适的意义，这是起决定作用的战略资产，这是百年基业的基础。

3. 通过集成式创新盘活套牢资产

集成式创新，类似一种"积木式创新"的表达，这是投后管理服务对于某一类资本退出困难的企业进行的一种盘活策略。

我们接手服务时，发现很多创业企业的经营思维太多固化了，依然秉持"螺蛳壳里做道菜"的方式。要知道，我们在分析案例时，发现企业所做的事情，根本就不是基础的价值单元。

从积木式创新的视角来看，企业不能用自己的一块积木来玩游戏，而要将几个项目集成在一起，成为一个完整的价值单元，为用户提供一个完整的解决方案。

比如，之前国内有很多互联网支付牌照的企业，这两年都已经式微了。为什么会出现这样的情况？像微信支付和支付宝这样的支付工具，依托的是整个生态和平台。它是平台上的一块重要的积木，独立的支付工具不能形成独立的价值单元。一定是几个重要的商业元素集成在一起，才能形成一个完美的商业解决方案。

以前的商业就像打乒乓球，现在的商业就像一个足球队。企业需要更多的横向资源的协同，这也是我们用投后管理去盘活一些企业资产的方式。我们通过 ABC 组合的方式，通过一种集成式的创新，对于原来的商业模式进行覆盖，争取更多的用户群体，这是一条突破之路。我们遇到的很多的创业企业都需要走这种横向集成的道路。

创新型价值企业，其独特的运营逻辑体现了对复杂商业环境的把握与驾驭能力。这些企业不仅维护并优化现有的成熟系统，确保核心业务稳定盈利，如同基石，为企业的长远发展奠定基础；同时，它们更勇于探索并投资于若干个尚处于萌芽或发展初期的不成熟趋势性系统。

这种双轨并行的治理模式，要求企业具备高度的战略灵活性与创新能力。一方面，通过持续优化成熟系统，提高运营效率，巩固市场地位，确保"赚钱"的持续性。另一方面，积极拥抱变化，以前瞻性的眼光布局未来。投入资源于新兴技术、市场趋势或商业模式，虽短期内可能面临不确定性，但长远来看，这些投资往往能开辟新的增长点，实现企业的"值钱"升级。

现实中，一个企业后面会跟随几个企业才能够成事，单一的企业已难以独自应对复杂多变的市场挑战与系统性风险。因此，一种更为智慧且稳健的运营模式应运而生——生态型管理。它强调的是一个由多元化企业共同构成的生态系统，在这个系统中，各企业相互依存、协同进化，共同抵御外部冲击，实现价值共创与风险共担。

积木式创新要求企业开放大门办企业，将一个完整的需求，通过整合上下游将解决方案做出来。在这个时代，企业必须超越产品和服务，将自已变成解决方案的集成商。

持续繁荣的成熟企业，往往拥有一套独特的"秘籍"——端到端的执行能力。这不仅是一种流程上的顺畅，更是一种实战精神。我们在做战略咨询的过程中，需要让创业团队的价值系统实现闭环；另外集成式创新之后，企业只要抓住趋势性系统，作为引领未来潮流的关键力量，重回再融资市场，一定会受到创投资本的欢迎。

对于战略投资者而言，这种关于智慧和才能的调取思维，无疑是一种巨大的优势。集成式创新的另外一个好处，就是形成了一个"传帮带"的人才网络，供应链上的团队和人才建立了一种新型的合作关系。人才的价值所有权虽然归属于企业团队，但他们的智力资源使用权却能够在生态系统内自由流动，被更多需要的地方利用。这种"智慧共享"的模式既激发了人才的创新活力，又促进了生态系统内企业之间的深度合作与协同发展。

4. 深度介入经营实现投资解套

在这一轮的全球创投寒潮中，一些有前景的创业企业陷入了窘境。这些企业面临着非常复杂的情况，由于创业者本身没有身经百战的经验，无法处理一些复杂的问题。因此，企业需要的不仅仅是投后管理团队的帮助，可能还需要从另外一些地方寻找到真正的经营高手，进行战略深潜，将企业从困境中带出来。这样的企业，本质上是人创造了困难，最终还需要另外的人去克服这样的困难，实现企业往前发展。

一个不容忽视的现实是，初创企业的主要驱动力往往依赖有限的几个核心成员，他们不仅要具备敏锐的市场洞察力，还需要拥有坚韧不拔的创业精神和卓越的领导能力。在这样的背景下，真正能够全身心投入并具备高管经验的创业者显得尤为稀缺，这使得初创企业在起步阶段就面临着人才短缺的困境。前文已经阐述过，创业需要向导，创业需要导航仪，没有这些基础元素，很可能会遇到这样的情况，企业把能够犯的所有的错误都犯一遍，最后贻误了战机。

认真分析一下一些优秀公司的作为，我们就能够看到他们是如何做投后管理的。我来列举个例子。

复星医药收购美国创新生物公司安博斯（Ambrx）后，通过投后管理创造价值，因为复星投资在经过了解后发现这是一家技术型的公司，它的发展方向和战略是有问题的。这家公司缺的不是技术，缺的是管理。这也是科技型公司容易犯的错误。技术型公司很容易陷入技术本位。其实一个公司要发展，它的运营系统必须平衡有效。

安博斯生物于2003年在美国加州生物制药产业基地圣迭戈成立，是美国一家临床研发阶段的生物技术公司，专注于研究和开发创新前沿的优化蛋白质疗法，即生物偶联物。

从技术上讲，安博斯技术跟其他生物制药公司有本质区别，是一项革命性的技术，展现的前景也是大不一样。换句话说，全世界只有安博斯拥有这一技术，使蛋白质合成方法发生根本性的改变。安博斯的创新能力很好。它既能像科研实验室一样创造发明一流的高度实用、高难度的技术，也能像其他公司一样开发适合市场需求的各类药品。这是安博斯最大的优势与竞争力所在。因为很多技术结构完成了实验室研究成果，但是无力完成工艺化和实用化。

安博斯的原创研发的能力，对于复星制药要来说，那是核心资源，这也是复星制药一定要收购它的原因。当然，由于体量较大，安博斯很难由一只基金独家完成，组织一个中资财团更为适合。复星有自己的投资网络，所以它就组织了一个中资财团完成收购。

收购前,由于安博斯的应用领域非常之多,在很多方向都有涉猎。但公司规模毕竟有限,收购后安博斯重新调整了战略方向:聚焦癌症,放弃除此以外的其他方向。此外,安博斯还重建了技术团队,加强技术平台的建设。根据新的战略方向,安博斯还调整了管理团队和研发团队。目前,安博斯的团队高层主要都由华人担当。

一个创业企业,在做事的时候,应该找到焦点,而不应该兵分几路,收购后安博斯的技术平台取得了大幅度提升。产品线主要聚焦ADC在癌症中的应用,新药美国IND获得了美国FDA批准。

对于技术型公司来说,需要建立完整的知识产权体系,管理层进行了全球知识产权布局,固化这是产权成果。在全球申请了600多项专利。这些专利能说明什么问题呢?答案很简单,这可以让公司很值钱,能够获得资本市场更多的认可。

复星的投后管理,在收购以后,管理层做了大量的公关工作,引入第三方来增加透明性。因此,与跨国公司的合作不会受中资背景的影响,为企业的发展提供一个更加良好的外部环境。

作为收购企业投后管理机构,能够大刀阔斧地为企业做各种手术,从战略层面到战术层面,都可以进行一些比较深入的管理行为。推进管理变革,实施新的经营战略,从而让企业变成一个值钱的企业。我觉得一个卓有成效的投后管理模式,应该就是这个样子。

创投企业在寻求再融资的过程中,还需要更专业、更市场的管理力量的支持。例如,上市公司旗下孵化或拆分的项目,由于其背后有着强大的母公司资源支持,包括品牌影响力、市场渠道、资金实力等,往往更容易吸引投资人的目光。这类项目通常能够在较短时间内形成一定的市场影响力,降低初创期的风险,因此成为众多投资人优先考虑的对象。因此,对于一些想要脱困的创投企业而言,寻求"战略包养"也不失为一种盘活的策略。

为拯救陷入困境的企业，深度介入经营以实现投资解套的策略，在当下投资领域中并不罕见，尤其是在风险较高、不确定性较大的创业投资领域。通过直接参与创业企业的经营，投资者可以更深入地了解企业的运营状况、市场变化及潜在风险，从而及时调整投资策略，有效规避或减少投资风险。这种"近距离"的监控有助于提前发现并解决潜在问题，降低投资损失的可能性。投资者派遣专业团队入驻，往往能带来管理经验、市场资源、技术支持等多方面的优势。这些外部力量的加入，可以加速创业企业的成长，提升其市场竞争力，进而增加投资回报。特别是在初创阶段，企业往往缺乏完善的管理体系和市场资源，投资方的深度介入可以填补这些空白，助力企业快速发展。

双方深度介入经营有助于加强投资者与创业者之间的沟通与协作。投资者可以更直接地表达其期望和目标，创业者也能更清楚地理解投资方的战略意图和支持方向。这种紧密的合作关系有助于双方形成共识，共同推动企业发展。

当然，我们需要回到本书的开头，基于基本的人性，创业者并不希望投资者和投后管理者做过多的干预。因此，需要一个约定，承认创业者在企业中的主导地位，过度干预可能削弱创业者的积极性和创造力，抑制企业的创新能力。双方一定要设定好边界，投后管理团队把企业的管理带上路就会撤退。这是一定时期的一些战略合作，而创业者则应该保持开放心态，积极与投资者沟通协作，共同推动其企业的健康和可持续发展。

5. 以百亿元千亿元逆向思维重组资产

资产增值往往涉及多种因素的相互作用和组合，企业运营中的资源、技术、市场等要素的组合，都体现了组合在资产增值中的重要作用。这种组合不仅限于物理上的合并，更包括功能、价值、风险等多方面的整合与优化。

在某些情况下，资产增值可能更多地依赖单一因素的突出表现，如某项技术的重大突破、某个市场需求的急剧增长等。但即便如此，这些单一因素也往往是在与其他因素相互作用的过程中实现增值的。熊彼特认为，创新就是要"建立一种新的生产函数"，即"生产要素的重新组合"。企业家的资源新组合，正是这一理论在实践中的具体体现。

产品创新、技术创新、市场创新、资源创新、组织创新这些增值活动需要企业家具备敏锐的市场洞察力、创新精神和卓越的组织能力才能实现。通过不断的尝试和迭代，企业家能够发现并利用新的组合机会，从而推动企业的持续发展和资产增值。

举例来说，一家企业，如果目标是年销售额 100 万元，其目前的负债是 1000 万元，那么就不会有投资机构会给这家企业融资；但如果说这家企业的负债是 1000 万元，其未来的产业可想象的空间是 100 亿元，投资机构就会给这个团队资金。这就是逆向思维重组资产，把一个问题放大思考，整个思维方式和做事方式都会是颠覆性的。

那么，这个逆向思维方式是如何运作的？用我们的经验来看，这就是投后管理破局重构，一些创业者走得特别稳健，但发展不起来，始终只能做一个中小企业。我们在和创业团队进行沟通后，帮助企业进行赛道分析，即企业的优势资源和其擅长的点，能够应用到全世界产业中的一个主流赛道。以前他们的经营行为是小打小闹，不敢去做大做强。我们就会激发他们，要敢于在主流赛道中去做第一。我们会和他们去开务虚会，假设这个企业在主流赛道中占据了重要地位的时候，它的产值可能是100亿元，当他们成为世界级企业的时候，他们的产值可能是1000亿元，那围绕着这100亿元或者1000亿元，想要完成这样的目标，需要什么样的基础元素来支持？这就是一种思维方式的转变，我们只是举一个例子，在操作的时候还是有它独特的程序。

对于这些创投企业而言。一是价值主张重构，二是市场匹配重构。一切都需要重新构建和破局，价值主张不仅是企业立足的基石，更是推动行业进步与创新的关键驱动力。它不仅是一个简单的口号或产品功能的堆砌，还是深刻洞察市场需求、精准定位目标客户群体，并明确阐述企业为何存在、如何为市场带来独特价值的核心理念。简言之，价值主张回答的是"为什么要做事"的深层次问题，其核心在于发现并解决市场中的"痛点"。

要能够发现大赛道中的痛点。顾名思义，痛点是市场中普遍存在的、亟待解决的问题或不满。它可能源于产品功能的缺失、服务体验的不足、效率的低下，或是消费者未被满足的潜在需求。优秀的创业者如同敏锐的侦探，他们穿梭于市场的每一个角落，用独特的视角审视每一个细节，寻找那些被忽视或未被充分解决的痛点。这种能力，需要深厚的行业洞察力、敏锐的市场感知力以及对人性的深刻理解。

比如，在共享经济兴起前，人们面临着出行不便、资源浪费等痛点。而Uber和Airbnb等企业的出现，正是精准捕捉到了这些痛点，通过创新的商业模式和技术手段，有效解决了这些问题，不仅提升了用户体验，还促进了资源的优化配置。

围绕着巨大需求，构建强有力的价值主张，首先需要明确你的目标客户是谁，他们面临的具体痛点是什么，以及你如何以独特的方式解决这些问题。这要求创业者不仅要深入理解市场需求，还要清晰界定自己的核心竞争力，即你提供的价值是市场上其他竞争对手所无法替代的。

价值主张的构建过程，实际上是一个不断试错、迭代优化的过程。它要求创业者保持开放的心态，勇于接受市场反馈，及时调整策略，以确保你的解决方案能够真正击中用户的痛点，满足他们的需求。

有了价值主张就要进行市场匹配。在确认了价值主张和痛点之后，接下来需要思考的是，"这事为什么我来做"，即市场匹配度的问题。市场匹配不仅关乎你是否发现了独特的市场机会，更在于你是否具备将这个机会转化为现实的能力。这包括你的团队构成、资源储备、技术实力、品牌影响力等多个方面。

在信息时代，真正的创新往往不是"从无到有"，而是在现有基础上进行"微创新"或"跨界融合"。因此，在决定创业之前，进行充分的市场调研和竞品分析显得尤为重要。这有助于你了解市场的真实状况，评估自己的竞争优势，从而做出更加明智的决策。想好了，就拉上一大帮同盟军一起干。

价值主张的构建和市场匹配度的评估是创业成功的关键所在。只有深刻理解市场需求、精准捕捉痛点、构建强有力的价值主张，并具备足够的竞争优势和市场匹配度，才能在创业的道路上走得更远、更稳。

价值主张不仅是吸引用户、赢得市场的核心武器，更是企业持续创新与发展的灵魂所在。它不仅是解决市场痛点的直接手段，更是构建品牌差异化、塑造企业独特魅力的关键要素。价值体验成为连接企业与用户的情感纽带，其重要性不言而喻。价值体验不仅是产品或服务的功能性满足，更是用户在使用过程中的情感共鸣与心灵触动。

通过精心设计的价值体验，企业能够超越简单的交易关系，建立起深厚的用户忠诚度与品牌认同感。这种体验不仅增强了用户的满意度与忠诚度，还为企业赢得了口碑传播与市场口碑的双重红利，推动企业向更高层次的发展迈进。

第十一章
未来展望
——资本与创业的共生共荣

1. 相互背书的资本和创业行为

在未来几年，随着创投资本结构的优化，会有很多长线的创业资本和投后管理机构进入市场，形成符合产业规律和企业经营规律的创投服务模式。围绕着新的价值创造模式，投资者和创业者之间需要新的价值分工和功能分工。

杰出的创业者本身具有的格局，有时候是优于投后管理专家的。这是一个相互比赛学习力的过程，投后管理是一个精英驱动精英的游戏。投后管理的成熟模式有必要进行平台化，只有平台化的方式才能够建立一种对企业的保育生态。因此，在未来，在对于新企业的保育生态上，资本依赖自己孵化出来的大型企业的战略庇护，大型企业也依赖创投资本继续向自己输送新鲜血液。杰出的创业者本身应该成为辅导更多企业的投后管理专家。否则在投后管理体系中是很难寻觅大量具有战略思维战术思维并举的人才群体的。

未来，一流的投后管理者，就是成功创业者的集群平台。

投后管理工作是在很多个企业之间不断穿梭的，这也是管理工作的常态。投后管理的总体架构更类似一个管理实践者聚集起来的一个平台，扩大领导者格局几乎成为平台上每一个人的价值追求。成长型的企业领导层会有很多的认知缺陷，而这种认知缺陷对于被投资的企业来说是致命的。从投资逻辑上来说，领导者的认知缺陷其实也是企业陷入迷局的主要原因。

投后管理不仅针对初创企业，也会针对成熟企业。比如，企业在进行战略转型的时候，同样需要平台的人才力量的辅助，现在这些人才网络还没有搭建起来，但一些资本机构已经意识到人才集群，能够面对不确定性的挑战。

未来，会出现包容投后管理、投资者和创业者的人工智能平台。大家都说，风险投资是一个苦活。在未来，世界的创业知识和轻咨询会放在一个或者几个人工智能平台上，这个平台能够帮助企业去匹配多种资源，这是中国创投资源集成组织创新的一个标志物。匹配资源和信息透明化后，创投市场的资源配置效率会有巨大的提高。

在未来，创投市场的服务平台会将整个产业的多种资源汇集起来。创业者能够和投后管理机构、私募基金进行数据交流和基于类似于元宇宙的无损耗信息交流，这使得中国的创业企业可以在线获得全世界优秀企业家和创业者的指导。每一个杰出的创业者后面都会有一群创业迷弟迷妹，因为一流创业观念的传输和沟通会变得高效和低成本。

从投后管理的未来变迁来说，一定会走向正规化和系统化。投后管理在自身的架构模式建设中，一般出现的方式即是团队，而不是所谓的单个高级顾问，因为从认知方面来说，我们认为单个高级顾问也是有认知缺陷的，人才集群团队才是方向。投后管理会变成一个开放的探索体系，和人工智能一起，提高效率。

更卓越是投后管理平台本身存在的意义。新的管理能够脱离解决问题的层面，转向去主动追求意义、价值和未知成果的过程。而这样的观念和格局思维，同样也适用于智业和整个资本市场的未来。

未来的中国创业者，更多将来自科技叠加商业模式创新。随着创投市场的资源平台上发展，科技创新和硬科技创业成功融资的比例将会继续扩大。整个社会创业门槛都在不断提高，普通的创业项目很难得到资本的青睐，因此，科技创业者会成为中国创业者中的主流。

"升级创业者"成为整个创投资源平台聚集的靶心。创业者可能是企业最大的积极因素，也可能成为最大的阻碍因素。从投后管理团队平台自身的管理逻辑来看，发现和引导下一代优秀企业家，是平台潜在的价值。

在未来，创投资本及其投后管理服务系统，需要和创业企业形成一种共同进化之路，商业生态系统是一种企业网络，价值链从内部机制转向外部，互相之间是价值或利益的交换关系，这样就像多个共生关系形成了价值网。投资者、创业者、投后管理机构则希望成为一种共同的互渡进化的模式。

进化的结果是双赢的。凯文·凯利说："双赢是共同进化模式下生命所演绎的故事。共同进化可以看作双方陷入相互传教的网络。共同进化的关系，从寄生到结盟，从本质上来讲，都具有信息的属性。稳步的信息交流将他们焊接成一个单一的系统。与此同时，信息交流，无论是侮辱还是帮助，抑或只是普通的新闻，都为合作、自组织，以及双赢结局的破土发芽开辟了园地。"

投后管理在经济学领域中少有深入的全局性探讨。似乎离开了市值管理和利用资本手段的估值制造，难以看到在更深层次地去理解资本的未来行事的逻辑。投后管理平台为共同进化、自发的自组织以及双赢合作的涌现而准备着，而资本等待的其实就是这种战略级别的机会涌现。

2. 创业效能取决于"资本+投后管理"

未来，我们需要考量的价值体系，其实就是一个社会的资源配置效能。我们曾经提出过一个指标，叫作"独角兽指数"，即一个经济体中不同区域"独角兽"的数量，可以用来评估这个地区的资源配置的效率，也就可以间接评估社会经济的指数。

未来的创投资本会更加体系化。天使投资领域，独立的投资人数量将会减少，而是进入孵化器和加速器。创业教育和创业辅助体系，未来会逐步实现线上线下一体。主要的出资人将来自机构投资者和大企业的投资部门，以及专业的私募投资机构，这些投资资本越来越具有产融资本的特质，即这些大企业在投资前，就有自己的定向投资目的，那就是通过自己的投资行为，开启大企业发展的第二曲线、第三曲线。

产融资本的繁荣不仅为创投产业注入了活力，更改变了传统投资模式，为创新创业者开辟了一条更为宽广且稳健的道路。产融资本，顾名思义，是产业资本与金融资本的深度融合，它不仅是一种资金上的支持，更是一种资源、知识与经验的全方位赋能。这种模式的兴起，标志着投资界对于项目成功要素理解的深化，即从单一的资本投入转向"资本＋投后管理"的综合服务模式。

在这样的背景下，每一个创投项目都不再是孤立地存在，而是被纳入了一个由产业巨头、金融机构、专业管理团队共同构建的资源共享网络中。产融资本凭借其在特定产业领域的深厚积累和广泛布局，能够为被投企业提供从技术研发、供应链管理、市场拓展到品牌建设等全方位的支持。这种深度介入与资源对接，极大地提升了创业团队的抗风险能力和市场竞争力，使得创业成功率显著提升。

具体来说，产融资本的优势在于其能够构建一个高效的资源共享平台。在这个平台上，品牌企业不仅能够利用自身的品牌影响力、渠道资源和技术积累，为新品牌提供坚实的后盾，还能通过资源共享机制，促进创新资源的快速流动和优化配置。比如，一家在制造业拥有强大供应链优势的企业，可以通过产融资本的方式投资一家初创的科技公司，帮助其快速解决原材料采购、生产制造等关键问题。同时，借助自身的销售网络，将新产品迅速推向市场。这种合作模式不仅加速了新品牌的成长步伐，也丰富了品牌企业的产品线，实现了双赢。

产融资本还注重投后管理，通过引入专业的管理团队和咨询服务，为被投企业提供战略规划、组织优化、人才培养等方面的支持。这种精细化管理方式，有助于企业建立健全管理体系，提高运营效率，为长期可持续发展奠定坚实基础。

创投资本结构化之后转变为产融资本，对于全社会的创业者来说，是一件好事。出资人是一家上市公司，在培养新的企业成为上市企业的过程中，就有更多的知识可以共享，对于多种资本退出的路径，也能够有所把控。

对于投后管理能够帮助创投企业建立什么样的管理系统，这里借助任正非评述华为管理的一句话："华为公司要构建一个无生命的、不依赖人的管理体系，要把个人能力转移到组织上。把组织能力转移到系统上，实现业务流、数据流、控制流的统一。"其实，这样的要求，也是其他有抱负的创业者所追求的管理目标。

投后管理无疑是金融界最具挑战的性的职业之一，类似守护者和守望者的双重角色,目的就是在被投资企业成长的过程中,随时准备协助企业解决问题。但是,投后管理团队尚没有完美的解决方案,任何事情都在探索前行。

投后管理的高下之别,越来越成为资本之间的高下之别。价值体系不能闭环的资本机构,将逐步变成业界的弱势群体。个体在越来越复杂的竞争环境面前,已经难以独善其身;大的资本机构在这样的复杂结构面前,也需要构建全维度的能力系统。

3. 共生共荣的创投生态圈

在未来,会有新一轮的创业热潮,资本和创新价值链的共生关系会越来越成为趋势,我们会看到共生共荣的创投生态圈,并形成一个资源网络,就像热带雨林生态一样。

在数字智能化时代,我们需要思考创投行业数字智能化后的产业结构和组织结构的变迁。毫无疑问,创投生态正在实现以数字化平台为基础的聚合。多元化的创业资源能够共生在一个创投生态圈中,平台生态的特征是多元性与互补性,投资者、创业者和投后管理服务者共同构成了多元相互影响的主体结构。

在这个生态体系中,企业不再孤立存在,而是根据其在产业链中的位置、发展阶段及核心竞争力,扮演着不同的角色。有的企业正处于哺育喂养阶段,如同生态系统中的幼苗,需要大量投入以培育其成长潜力。这些企业可能专注于前沿技术研发、创新产品设计或新兴市场开拓,短期内难以产生显著的经济效益,但其长期价值不可估量,通过估值系统被市场认可并赋予高溢价。这类企业的存在为生态系统注入了源源不断的创新活力与未来增长点。

与此同时，另一些企业则位于生态系统的成熟区域，拥有稳定的客户基础、成熟的业务模式及强大的现金流生成能力。它们如同生态系统中的大树，不仅自身根深叶茂，还能为生态系统内的其他成员提供养分与庇护。这些企业通过精细的市值管理，确保其市场价值得到合理体现，并持续吸引资本与资源的汇集，为整个生态系统的繁荣贡献力量。

笔者认为，在未来，企业需要完成生态化转型，本身需要置身于更大的生态之中，和一般的惯性思维相反，生态化不是一种高成本的做事方式，而是一种低成本的做事方式。

在未来，创业者会深度理解生态圈的意义，并且认为自己创业的不仅是一家公司，还是一个新生态圈，这是企业参与竞争的基本方式，因此，主动生态化成为一种经营自觉。未来的竞争就是生态和生态的竞合，恰如华为生态圈和苹果生态圈的竞合游戏。因此，主动生态化可以防范系统性风险。

未来的投后管理服务业主要强调生态型管理。生态型管理之所以强调这样的企业组合，核心在于对系统性风险的防范。在全球化的经济浪潮中，任何单一企业都难以独善其身，面对市场波动、政策调整、技术变革等不确定性因素时，往往显得脆弱不堪。而生态系统通过构建多元化的企业群体，实现了风险的分散与对冲。当某一领域或行业遭遇危机时，其他领域或行业的稳定增长可以为整个系统提供缓冲，降低整体风险暴露水平。

生态投资者、生态创业者和生态服务者（投后管理服务机构），这些新角色很重要。他们不仅是某一企业的掌舵人，更是整个生态系统的守护者与协调者。领导者需要具备全局视野与战略眼光，要能够洞察市场趋势，把握行业脉搏，制订科学合理的战略规划，引导生态系统内各企业有序发展。同时，他们还需具备高超的协调能力与资源整合能力，促进生态系统内企业间的交流与合作，推动资源共享、优势互补，形成合力共进的良好局面。

未来企业生态的治理，需要领军者保持生态平衡是生态型管理的核心目标。这要求领导者在推动生态系统发展的同时，时刻关注系统的稳定性与可持续性。

一方面，要鼓励创新，为生态系统注入新鲜血液与活力；另一方面，也要注重平衡，避免过度竞争与资源浪费。领军者和协同者需要灵活运用政策引导、资金扶持、技术支持等手段，优化资源配置，调节企业间关系，确保生态系统内各企业能够和谐共生、相互促进。

投后管理领域的进化之路，也很特别。投后管理这种服务模式，是资本市场自身发展的必然要求，资本市场进化到这里，需要从吸血方式转变为造血型的共生关系。产业资本可以在企业很小的时候就投资于企业，并且提供全流程的服务。有了产业资本对初创企业，以及对成长型企业的投资，投后管理服务体系就需要完整地建立起来了。投后管理也不是一个静态的系统，它是随着企业的进化而进化的。不同的阶段，投后管理的内容必然会表现得迥然不同。

经济周期波动的时候，生态圈经济会保持自身的确定性和稳定性，因此，生态型管理是一种更加智慧、更加稳健的运营模式。它通过构建多元化的企业生态系统，实现了价值共创与风险共担，为企业的长远发展提供了坚实保障。

在未来的商业竞争中，那些能够成功构建并运营好自身生态系统的企业，无疑将占据更加有利的位置，引领行业潮流，实现可持续发展。

4. 正在形成的创业系与资本系

展望未来，创业资源整合和平台化是一个大趋势。一个工业企业不是完整的经营单位，只有一个投资机构也不是完整的经济单位，一个完整的产业资本生态圈才是完整的经营单位。产业资本和产业之间形成一种整体的进化型的生态结构，这就是一种共生的关系。

在当下的市场环境中，大量被淘汰的企业恰恰就是因为其不是完整的价值生成体系，只是生态的一个零部件，或者单一物种。在未来的创投活动中，企业需要成为价值的整合者、生产者，要做价值的实现和传递者，而不是成为风险的传递者。

在市场中，确实也有一些这样的有毒项目，即创业者不是沿着价值创造和业绩创造这两条线朝前走。一个项目在经过了一两轮融资之后，如果价值创造系统没有建立起来，项目很可能就会变成庞氏骗局。项目维持信心确实需要拿出有价值的东西，拿不出来，项目就会泡沫化。为了阻止企业估值的滑落，先期的投资者和团队会共同营造一个价值泡沫和繁荣的假象。投后管理团队在与这样的创业企业接触的过程中，会主动撤出。

这种靠财务数字拼贴和表现创业激情的创业企业，在未来将很难获得生存空间。投后管理就是让企业做自己擅长的事情，建立自己的优势，提升自己独特的经营能力。企业还是要做自己擅长的事情，投后管理是天然对结果负责的，所以几乎玩不了投机的事情。这是一个很老实的事业，那就让老实人做老实事。

第十一章 未来展望——资本与创业的共生共荣

未来是创业系和资本系的天下。所谓创业系，即是由一个或者几个大型企业（创业成功企业）形成的企业集群，其表现了一个完整的价值链和生态圈。所谓资本系，即以产融模式为中心，以资本运作和产业经营为双核心，有主导产业支撑，通过主导产业溢出资金进行创投活动，通过投资和运营来形成结构性的创投资本。两者依托的基本逻辑是一样的，都依托投后管理资源的导入，通过过程管理实现创业的高成功率。

在创投界，投后管理是一个新生事物；但是在优质的上市公司中，其实有大量的投后管理存在，这就是两者的不同，私募资金有钱，上市企业有钱也有人。在一个成熟的上市公司中，随时都可以裂变出一个成熟的团队来配套新投资项目。但是在投资机构中，业务都是单纯的，就是除了投资其他的做不了，因此，在客观上，投资机构需要引入专业化的投后管理，带动创业项目成功率的提升。

优质的上市公司创业资本系是值得投行学习的形态。当我们爬到山顶时，才会发现，其实优秀的企业就是一个投行；优秀的投行就是一个产业化的生态公司。投后管理其实是贯穿始终的一个价值实现的过程。

未来，创投生态之间比拼的是投后管理。通过投后管理实现破局，提高创投成功率。投后管理不是静态的东西，它也是在不断进化的。随着内容的不断进化，它也会承载越来越多的资源。从投后管理到项目投资运营，从投资项目运营到产融模式，从产融模式到顶级行业价值链，这是一种从低级到高级的进化过程，并最终形成一个个的生态系统。这是我们在未来能看到的情境。生态系统搭建得越好，这些机构抗风险的能力就越强，整合资源的能力也就越强。对整个创投市场而言，这是一个福音。

创投机构之间两极分化的趋势会更加明显，创业系和资本系越来越成为企业之间价值网络的主导型的构建者。它们在未来最主要的生存和发展方式就是打造自己的独特的价值网络。投资项目之间形成掎角之势，相互能够提供战略级别的支持，而不是盲目地投资一些自己不懂的新领域。投资越来越依赖价值链的新的衍生，而不是等待视野之外没有经过深刻洞察的所谓新项目。

投资价值网的组建需要高质量创投资本去精细深耕一些未来趋势性的产业，而不是采用之前资本市场常用的空袭模式，直接到市场中去摘果子。随着资本运作本身逻辑的变化，创业系和资本系需要承担起一个资源整合者，或者产业架构师的角色，资本经济会变成企业家经营和能力经济。

良性的共生网络，是未来资本追求的核心架构。一个良性的资本机构，应该追求这样的布局。投后管理在培育新的造血型企业的过程中，实际上承担了更多的价值实现的功能。一个好的投后管理机构，能够使得被投资企业的创业成功比率大幅提高。对全社会来说，可以最大限度地防止资源浪费，这其实就是投后管理的价值所在。

后　记

创业资本依然是社会经济发展的关键节点

当下，不少年轻人有求稳和害怕冒险的想法，这可以理解。在过去几十年的发展中，中国的创业者已经创造了世界奇迹。一代一代的创业者，都带有明显的各自时代的特征。他们敢于面对未知的恐惧，抱有极强的好奇心，通过奋斗看到自己到底能飞多高。他们用动荡的生活方式来证明自己，这是值得钦佩的事情。

对于打退堂鼓的年轻人，我们要保持一种理解的态度，因为创业的门槛在提高。在当下，一个创业者要想创办一家有影响力的企业，一定要发挥其才能和热情。因此。作为本书的作者，我可以毫不隐讳地说，做一个杰出的创业者，那是少数人的事情，也是社会经济资源高效配置的结果。今天的创业者，需要成为社会企业家，对于社会经济资源进行整合，运用整合思维带动经济向前发展。

在本书的写作过程中，首先感谢支持智和岛的创投机构、一些政府引导基金和投资人，还有很多在一线拼搏的创业者，给了我们很多鲜活的案例。在本书中，很多文字的讲述来源于我们的服务过程。聆听其实比讲述更加重要，在他们身上，我看到了穿透周期的预见和洞察能力，以及乐观精神。

在中国的创业投资领域，我也非常感谢常州市政府，其在城市创投领域的一些作为，拓宽了中国创投产业的知识边界，其通过更加丰富的投资过程管理，积累完整产业链的经验，非常宝贵。

在盘活创业企业的过程中，我们发现创业资本依然是社会经济发展的关键节点。凡是创业资本和创业者活跃的地方，社会经济都保持着非常强的发展活力。我也相信中国创业资本、创业者群体和投后管理群体，在未来的10年中，会形成三足鼎立的局面。三种资源，鼎力合作，能够为中国创业市场的发展，提供更大的价值。

2024年9月20日于常州